森 炎
Mori Honoo

筑摩選書

刑罰はどのように決まるか

市民感覚との乖離、不公平の原因

刑罰はどのように決まるか　目次

刑罰はどのように決まるか

市民感覚との乖離、不公平の原因

まえがき

本書は、日本の刑罰システムの実際の姿を明かし、その本質を考察することを目的とする。そして、それによって、刑事裁判の在り方を探る。

刑罰システムの姿を明かすというのは、日本の場合、一国の刑罰システムの全体像が見えにくい形で存在し、水面下で作用しているからである。誰しも、刑罰や刑事司法と言えば、まず刑事裁判を思い浮かべるだろうが、それは見えている部分であり、全体のほんの一部にすぎない。その背後には見えざる刑罰システムが存在している。一般に見えている部分のほかに、大きな地下システムが存在すると言ってもよい。

そのことは、犯罪者のうち刑務所へ入れられる者が全体の二パーセントにも満たないことに端的に現れている。知られざる日本の刑罰システムの現実である。

刑事裁判と科刑の在り方については、「裁判の刑は軽すぎる」「かつての世界一の治安を回復するためには厳罰化が必要だ」とか、「客観的には治安は悪くなっていない」「厳罰主義は効果がない」などと言われるが、何はともあれ、刑罰システムの全貌が明らかにならなければ始まらない。

次に、見えている部分についても、本質を疑われかねない状況がある。刑事裁判では、多くの場合、「懲役何年」という形で結論が表される。すべてが刑期という数字に帰着する。では、結論が数字でしか表せられないのに、そこに本当に根拠や意味があると言えるのか。

実際、刑事裁判において、数字化の原理は存在しない。量刑に関する議論を数字に変換する確たる道筋はない。相場感によって結論の数字を決めているにすぎない。そして、その相場感ないしは量刑相場も、裁判員制度の導入によって、日本では従来のままでは維持できない状況に立ち至っている。また、殺人罪にはじまって強盗罪、強姦罪、現住建造物放火罪、通貨偽造罪から詐欺罪、横領罪に至るまで、ひとしなみに懲役年数という数字で結論が出される。ために、われわれは、下される刑罰から当人が如何なる罪を犯したのかを全く想起できない。罪と罰の共約可能性が失われているのである。

これらの状況は、刑罰思想、刑事政策のみならず、裁判の正義という意味でも極めて深刻な問題を生じかねない。そこには、無根拠性の疑念さえ潜在している。それゆえにまた、誰もが見て見ぬふりをしているのであるが、日々進行を止めない刑事裁判には、実のところ、その根本にかかわる原理的な問題が横たわっている。

本書では、日本の刑罰システムの全体を明るみに出し、誰も指摘しようとしない根本問題の検討を通じて、裁判員時代のあるべき「罪と罰」を探る。

第一章

日本型刑罰システムの不思議

日本の「軽すぎる量刑」の理由

従来、裁判所の下す刑罰には、「刑が軽すぎる」という一般的批判があった。

実際、わが国の刑事裁判は、概ね、寛刑主義で運用されてきた。とくに、戦後日本が高度成長を遂げた昭和四〇年代後半から平成の初期にかけては、それは顕著だった。平成の初めには、死刑判決はほとんど出ない状況になっていたし、当時の殺人の刑の相場は、「人一人殺して懲役八年」などと言われていた。そして、この寛刑主義の路線は、バブル崩壊後もほとんど変わらなかった。また、安全神話の崩壊が言われだした二〇〇〇年以降も、多少の揺れは生じつつも基本的には変わっていない。

そして、それは職業裁判官も自覚している。

ところが、これは裁判所だけの問題ではない。また、裁判だけにかかわる問題でもない。日本の場合、特殊なことに、刑事裁判は刑事司法そのものではなく、その上澄みである。深層にはずっと大きな刑罰システムが横たわっている。そして、その深層に広がる刑罰システムには裁判所は直接関与しない。いわば、見えざる刑罰システムが存在する。

深層の刑罰システムを支配・管理して動かしているのは検察であり、のみならず、その深層部の動きは上部構造に実質的に食い込み、ただでさえ「上澄み」にすぎない刑事裁判や裁判所組織を大きく侵食している。日本では、伝統的に検察権力が裁判所よりも強いためである。

その結果、実に多くの犯罪事件が、実質的に検察限りで最終処理されている。詳しくは、おいおい順を追って述べたいが、概要を示せば、次のようなことである。

まず、犯罪事件の過半数は、「不起訴」という形で処理される。この場合、被疑者は放免されて終わる。不起訴とはいっても、ほとんどが犯罪の嫌疑がありながら不問に付されるのである（「不起訴」の中には「嫌疑なし」の場合も含まれるが、極めて少ない）。これは、名実ともに検察による最終的な処理であるが、加えて、略式起訴という制度があり、こちらは、検察が簡易裁判所を介して略式手続で処理するシステムである。この場合は、被疑者は、罰金を納めて放免される。これは、形式上はともかく、実質的に検察が最終的な処理をしている場合である。

この二つ、不起訴と略式起訴を合わせると、八割以上の犯罪事件が検察によって決められている。

つまり、罪を犯した者の多くは、深層の刑罰システムを巡回するだけである。検察どまりで社会復帰し、正式の刑事裁判（公判）には行きつかない。公判に行きつく犯罪者が少ないということは、懲役なり禁錮なりの重い判決を受けて刑務所へ入る者は、なお少ないということである。端的に結論部分を言うと、日本では、犯罪者のうち、刑務所へ入れられる者は、全体の二パーセントにも満たない。

わが国の刑罰システムは、非常に特殊なのである。

刑事司法と言えば、裁判を思い浮かべがちだが（そして、それが正常であるが）、日本では、むしろ裁判所とは直接関係がないところで、刑罰システムの大部分が動かされている。そして、罪を犯した者の圧倒的多数は、その見えざる深層部の刑罰システムから直接一般社会に戻される。

表 1-1　最近の検察庁受理人数、起訴率、入所受刑者率

	検察庁受理人数	(処理人数)	不起訴人数	不起訴率	入所受刑者数	入所率
平成26年度	133万2918人	134万0897人	82万9093人	61.83%	2万2755人	1.71%
25年度	141万7400人	142万1514人	86万1137人	60.58%	2万4780人	1.75%
24年度	148万1665人	148万7266人	88万0287人	59.19%	2万5499人	1.72%
23年度	156万8299人	157万7369人	91万3356人	57.90%	2万7079人	1.73%
22年度	163万9614人	164万8700人	93万4223人	56.66%	2万8293人	1.73%

注　犯罪白書による

正規の裁判にかけられる者は少なく、刑務所など入るのは、さらに少なく、例外にすぎない。

ここでは、「犯罪者は刑務所行き」という定式は全く成り立っていない。日本という法治国家は、そういう世界なのである。それどころか、日本国では「罪を犯したら裁判にかけられる」という定式さえ十分に成り立っていない。われわれは、このような世界に生きていることを、まず認識する必要がある。そのうえで、厳罰主義がよいかどうか、従来の刑が軽すぎるかどうかなどの議論をしなければならない。

刑務所へ入るのは二パーセントにも満たず

このような常識に反する、あるいは常識を覆すような日本の刑罰の実態について、さらに詳しく見ていくことにしたい。犯罪者のうち、刑務所へ入れられる者は比率的には極めて少ないという点である。

罪を犯して警察に検挙された者のうち刑務所に入る人の割合は、入所受刑者率と呼ばれるが、わが国の入所受刑者率は、ずっと二パーセント弱で推移している（表1―1「最近の検察庁受理人数、起訴率、入所受刑者率」）。

犯罪に関する刑事手続の流れに即して、それを見る。

犯罪が発生して警察が認知し、犯人を検挙すると、交通反則金処理（いわゆる「反則切符」）と微罪処理（軽犯罪法違反など）の場合を除き、警察では、すべてを検察庁に送致する（「送検」）。他方、事件を送致された検察庁は、担当検察官の裁量で起訴することもできれば、不起訴にして終わらせることもできる。表1―1にもあるように、不起訴率は、最近は六〇パーセント前後になっている。不起訴ではなく起訴されて裁判にかけられるとどうなるかと言えば、罰金で終わる場合が非常に多く（これは、すぐ後に別の統計で見ることにする）、懲役や禁錮の判決が下ることは圧倒的に少ない。そして、懲役や禁錮に処せられる場合も、執行猶予が付くことの方が多い（裁判所の執行猶予率は、長年、六〇パーセント前後で推移している）。

こうして、最終的には、日本では警察が認知して検挙した全犯罪者のうち、刑務所へ収容されるのは二パーセントにも満たない。裁判所で実刑判決を受けて収監されるのは、たったそれだけで、他は罰金刑や執行猶予付き判決などで終わるか、そもそも、起訴されずに、裁判を受けることもなく（不起訴処分）、そのまま社会復帰する。

もう少し、詳しい統計で見てみる。

検察官によって不起訴処分を受けて放免される者は、前の統計でも出てきたように、最近は六〇パーセント前後で推移しているが、略式起訴で終わる場合も相当多数に昇る。二つを合わせた比率はどうかと言えば、この一〇年間、常に八〇パーセントを超えている（表1―2―1「起訴猶予率、その他不起訴率、略式命令請求率、公判請求率〈平成16（2004）年～25（2013）年〉」）。

検察官は、起訴・不起訴の裁量だけでなく、起訴する場合でも、略式起訴にすることができ、

表 1-2　起訴猶予率、その他不起訴率、略式命令請求率、公判請求率〈平成 16（2004）年～25（2013）年〉

表 1-2-1

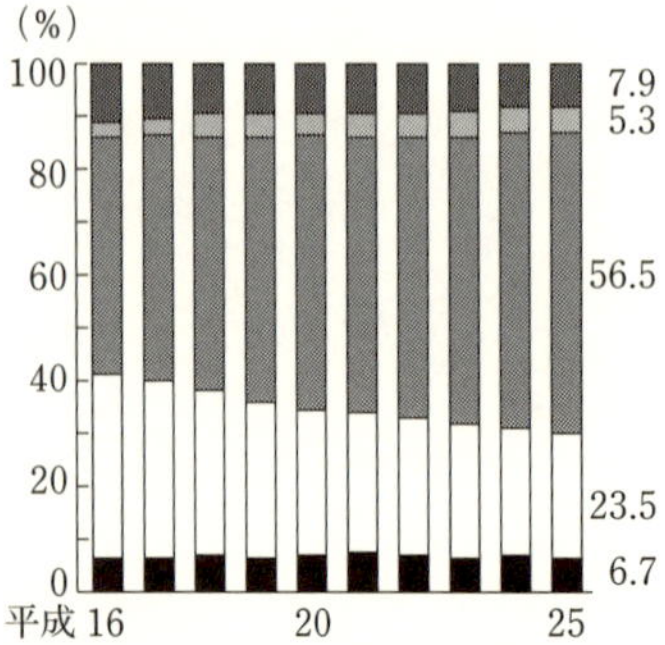

表 1-2-2

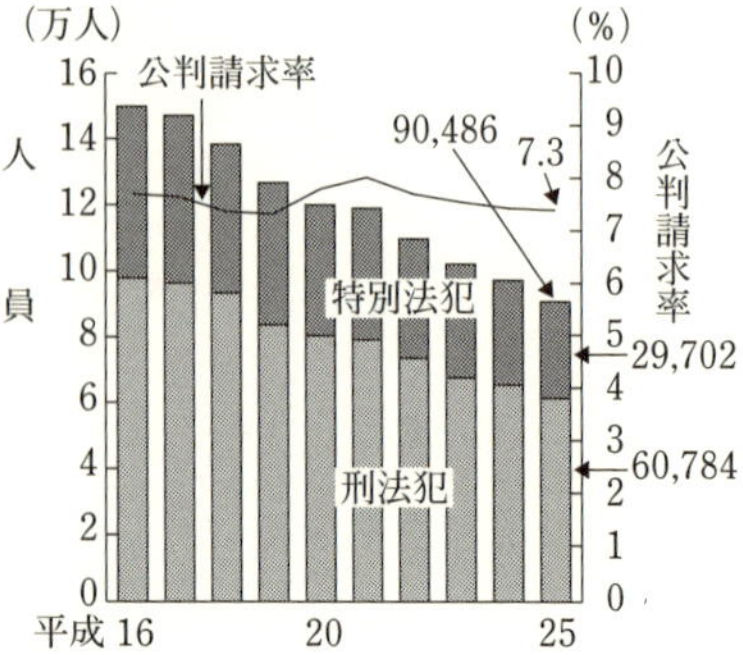

■公判請求　□略式命令請求　▩起訴猶予
▨その他の不起訴　■家庭裁判所送致

注 検察統計年報による

その場合は、正式裁判ではなく、簡易裁判所の略式命令で終わる。先ほど、「起訴されて裁判にかけられても罰金で終わる場合が非常に多い」と言ったのは、この略式起訴が多いことを指している。この場合は、少額の罰金で終わるのが通例である。この手続全体を略式手続と称するが、略式手続では、法廷でおこなう公判は省かれる。

　略式ではない正式の起訴を指して、とくに公判請求と言うが、この場合にはじめて、正式の刑事裁判となって法廷が開かれることになる。検察の公判請求率は、「単純」率で六パーセント台であり（表1―2―1）、少年事件などを除いた「純粋」率でも七パーセント台にすぎない（表1―2―2）。

　罪を犯した側から見て正式裁判が開かれて出頭しなければならなくなるという事態は、その程度であり、そのような事態となって開かれる裁判で、（罰金刑ではなく）懲役刑や禁錮の判決が下り、しかも、執行猶予が付かなかった場合に——前述のように率的には執行猶予が付く方が多いわけであるが——はじめて「刑務所行き」となる。それが、警察が検挙した全犯罪者のうち、二パーセント弱というわけである。

以上を別の角度から言えば、日本では、犯罪者の圧倒的多数に対して、刑務所を回避して直接的に社会復帰させる方針（「刑務所へ入れない」）を取っているわけである。

「刑務所へ入れない、入れても早く出す」

さらに、ごく例外的に刑務所へ入れた者についても、できるだけ早く出すという方針が取られている。判決で言い渡された刑期を最後まで務めさせるのではなくて、それより早く仮釈放で一般社会に戻そうとする。

それは、なぜかと言えば、最後まで刑を務めて（言い換えれば、仮釈放を得られずに）満期出所したケースと、満期前に仮釈放されたケースを比べると、統計上、明らかに再犯率が異なるからである（表1―3―1「仮釈放者と満期釈放者の再犯率〈全〉」）。

表 1-3-1 仮釈放者と満期釈放者の再犯率〈全〉

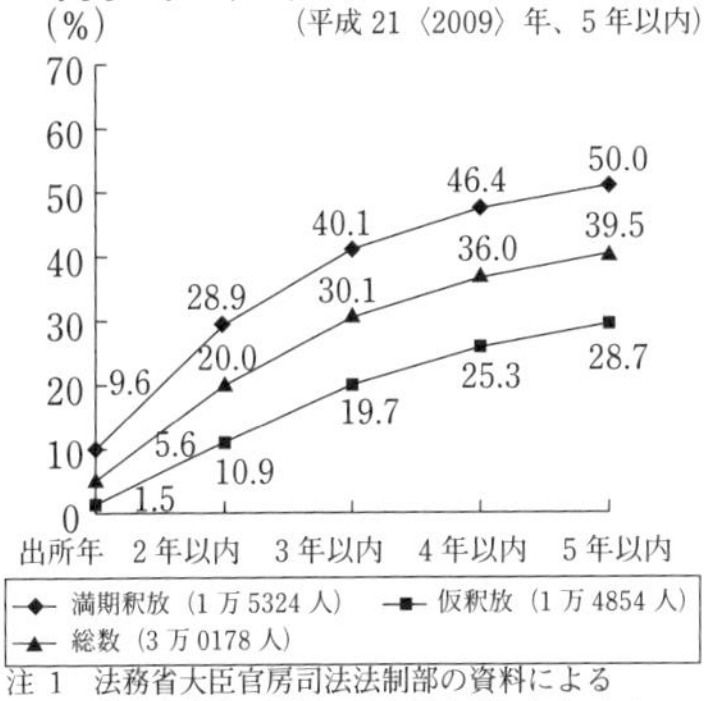

注 1　法務省大臣官房司法法制部の資料による
　2　前刑出所後の犯罪により再入所した者で、かつ、前刑出所事由が満期釈放又は仮釈放の者を計上している
　3　「累積再入率」は、平成 21 年の出所受刑者の人員に占める同年から 25 年までの各年の年末までに再入所した者の累積人員の比率をいう

仮釈放者の方が社会復帰に成功しやすいのである。そして、これは、殺人や性犯罪について

も言える（表1―3―2「仮釈放者と満期釈放者の再犯率〈殺人、強姦〉」）。

しかも、ただ仮釈放の方が適切と言うだけでなく、早く仮釈放すればするほど、それだけ再犯が少なくなるという関係が認められる。

強盗のように扱いが難しい場合でも、統計資料（表1―3―3「仮釈放期間と再犯状況〈強盗〉」）によれば、仮釈放期間が長いほど再犯は少なくなる（なお、早く仮釈放すれば、仮釈放中の期間は長くなるため、「仮釈放時期の早・晩＝仮釈放期間の長・短＝刑務所在所期間の短・長」という関係になる）。

もちろん、以上は受刑中の成績や態度にもよるわけであるが、それらを見極めて「できるだけ早く出す」ことにならざるを得ない。

この「刑務所へ入れても早く出す」という方針は、一見、判決軽視にも思えるが、そこには、「刑務所の逆説」「監獄の失敗」と呼ばれる現象がかかわっている。これは、洋の東西を問わず、世界共通の問題で、西欧では二〇世紀初頭には早くも露わになっていた。

特殊な施設内の生活は、どうしても出所後の住居や仕事の点などで、社会への適応を困難にさせる。刑務所生活が長ければ長いだけ、そうなるのは避けられない。また、当人の心理の面でも、社会的適応を妨げると言われている。この点は、刑務所へ入ったことのない身からするとわかりにくいが、生活が変わることに対する戸惑いから、世間へ戻ることへのある種のおそれが生じ、それは受刑生活が長くなるほど顕著になる。

もっと深刻なマイナス面もある。

表 1-3-2 仮釈放者と満期釈放者の再犯率〈殺人、強姦〉

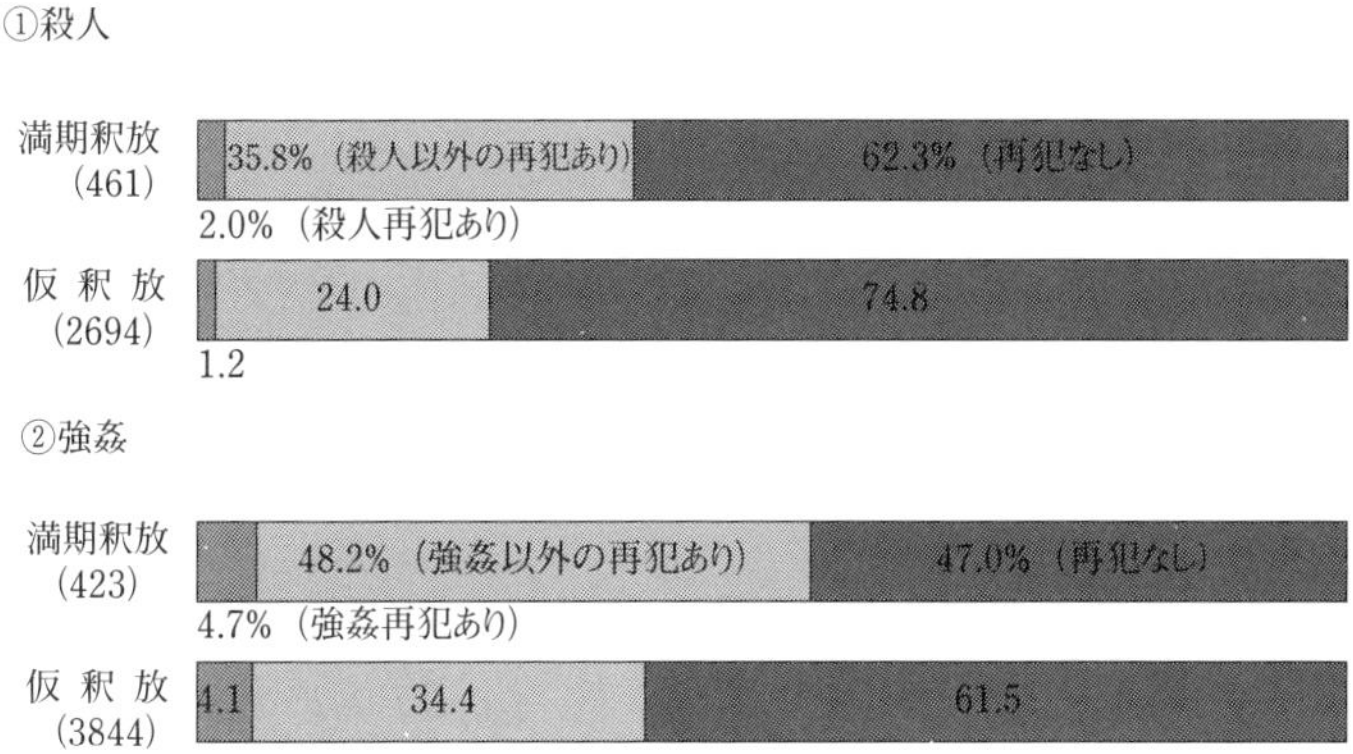

注 1　法務総合研究所の調査による
　 2　1犯目から10犯目までの犯歴により分類した
　 3　初入者のうち、執行猶予取消しになったことのある者を除く
　 4　(　)内は、実人員である

表 1-3-3 仮釈放期間と再犯状況〈強盗〉

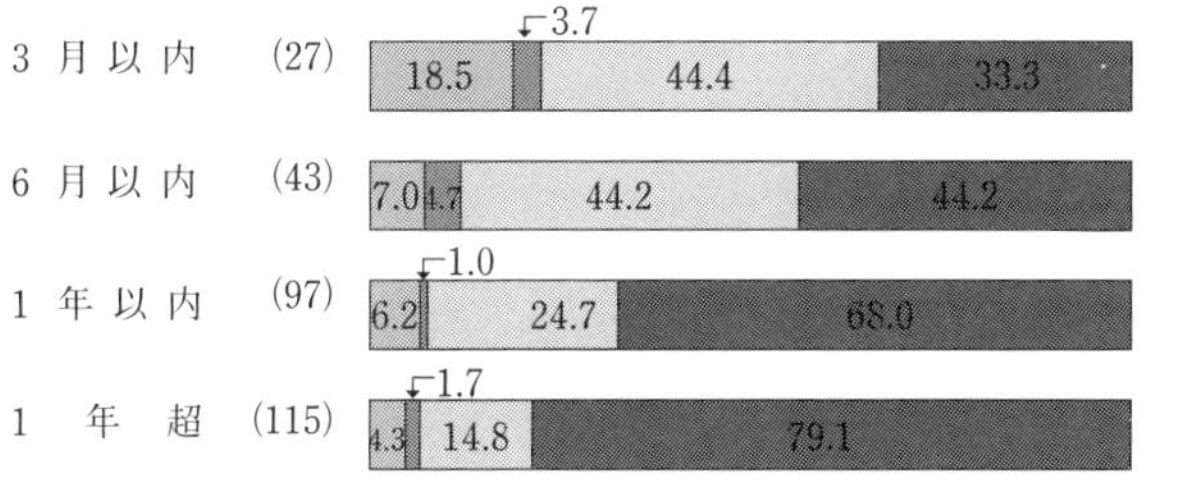

注 法務総合研究所の調査による

二〇〇二年、千葉県松戸市のマブチモーター社長宅で殺人放火事件が起きた。社長の妻子が殺害されて自宅に火をつけられた衝撃的な事件だったが、この事件を起こした犯人二人は、前刑の服役中に宮城刑務所で知り合っていた。宮城刑務所は、長期受刑者を収容している。世間を騒がせたマブチモーター社長宅殺人放火事件は、一時は捜査が暗礁に乗り上げ、怨恨説や行きずり説なども出ていたが、事実は、出所者二人が、受刑中に刑務所内で犯行計画を立て、ピンポイントで優良企業の社長宅に狙いを定めた凶行だった。しかも、先に出所した一人が二年間、主犯の出所を待った末に実行に移した息の長い犯行だった。

このような背景から、裁判所も検察も、刑務所に長く入れておくことはおそるべき逆効果と副作用を伴い、大変まずいと見ているわけである。

以上、統計を引いて、日本の刑罰システムの全体像を述べた。一言で言い表すならば、「できるだけ刑務所へ入れない、入れても早く出す」、それが日本の法治国家としての基本方針と言えるだろう。

日本では、検察主導によって「できるだけ刑務所へ入れない、入れても早く出す」という犯罪処理の基本構想が構築され、それに裁判所が寛刑主義で加担することによって、独特の刑罰システムが形成されてきたのである。

日本の検察は厳罰主義者ではなくて「緩《ゆ》るキャラ」

では、なぜ、このような刑罰システムの在り方になったのか。それを法制度と権力構造の両面から探ってみたい。

日本では、検察官に大きな権限と裁量を認める起訴便宜主義（反対の法制度はドイツなどの起訴法定主義）が取られてきた。検察は、全体の約六〇パーセントを不起訴という形で最終処理していることからもわかるとおり、その起訴裁量をフルに活用して権力的足場を固めてきた。

さらには、各検察官は、起訴・不起訴の裁量だけでなく、起訴する場合でも、略式起訴にする裁量を持つ。その場合は、正式裁判ではなく、簡易裁判所の略式命令で終わる（略式命令は「百万円以下の罰金又は科料」の範囲で刑が定められる）。

この場合、形だけは、裁判所（簡裁）を立てているが、実質的決定権限を持つのは、検察である。略式命令は簡裁が発令するとは言っても、罰金の金額を含め、すべてを検察官が実際上決めている。たとえば、罰金等の金額やその納付にしても、実際には、担当検察官が事前に被疑者に罰金等の金額（厳密には見込み額）を教えて、お金を用意させているほどである。簡裁は検察官の言うままに結論を下すから、被疑者は簡易裁判所で略式命令を受け取り、検察庁で用意した金額を納めれば終わりである。

検察官は、「不起訴（→放免）、略式請求（→罰金で放免）、公判請求（→刑事裁判で被告人）」という広範かつ多段階的な裁量を持つ。これらの検察官の裁量は、被疑者を刑罰から解放する方向で用いられるが、実態としては、特権的・恩恵的性質を持っている。

実際の現場は、次のような有り様である。「深く反省しています。釈放してください」と平身低頭して懇願する被疑者に対して、その処分は主任検察官が判断する。主任検察官とはいっても、最も若い場合は二十代前半である。最終的には上司の副部長検事の決裁は受けるが、多くの場合、主任検察官の意見が通る。

あくまで、個々の検察官が恩情を施すものであり、検察官各人は、他人の一生を左右するような大きな裁量権の行使を通じて、権力的欲求を満足させているわけである。検察こそが中心であり、恩情を施すのも裁判所ではなくて検察官でなければならない。

こうして、組織としての検察は、八割以上の犯罪事件を、実質的に裁判所を外して自分たちだけで処理するシステムを作り上げ、刑事司法の主役の座を確保してきた。そこには、法制度の在り方だけでなく、権力的思惑が交錯している。

ついでに言えば、刑罰システムの中で、警察はほとんど決定権を持っていない。警察に認められている処理権限は、すでに述べたように、交通反則金処理と微罪処理だけである。いわば、検察の手を煩わすのも憚られるような些細な事件を自庁の権限と裁量において処理できるにすぎない。警察は事件の捜査はできても、原則的に事件の処理はできず、検察に送って（「送検」）、処理を仰ぐしかない立場である。

極めて特徴的な日本型刑罰システムは、このような法制度と権力バランスの上に成立している。だから、それは、裁判に限ったことでもなければ、裁判所が主体的に考えたことでもない。起訴・不起訴を含めた広義の刑罰システムの在り方としてそうなっている。主として検察サイドの姿勢にほかならない。むしろ、裁判所の果たす役割は、極めて部分的で副次的である。

もっと大きな次元において、つまり、法治国家としての在り方において、緩和的ないしは援助的な基本姿勢が取られていると言える。量刑の場における寛刑主義は、そのような緩い日本型刑罰システムの氷山の一角にほかならない。

だから、また、別の角度から言えば、検察が厳罰を求めるというのは建前であって、日本の検察は、必ずしも厳罰主義とは言えない。厳罰を求めることがあるとしても、それはほんの一握りの事件においてである。訴追する側の検察からして、基本は「できるだけ刑務所へ入れない、入れても早く出す」であり、この十年来の不起訴率・略式命令請求率の合計が八割超、公判請求率が七パーセント程度で推移していることに象徴されるように、検察バッヂの「秋霜烈日」は真の姿ではない。

検察庁、法務省は、何のつもりか、三十数個にも上る「緩るキャラ」のマスコットキャラクターを定めている。「江戸っ子検ちゃん」「法ジロー君」「らっか正義君」「人KENまもる君」「かちけん君」「サイバンインコ」などであるが、まさに検察自体が「緩るキャラ」なのである。

なぜ「緩るキャラ」刑罰システムなのか

このように、「緩るキャラ」で犯罪者に臨むのは、その方が厳罰主義よりも、結果的に治安維持に効果があるという考え方にほかならない。

さりながら、「緩るキャラ」でもよいというのは、未成年者の出来心の万引きや喫煙などのレベルならばともかく（これらは補導で終わることが多い）、一般刑法犯で逮捕された場合などもそうなのだから、ほとんどの人にとってはピンと来ないだろう。また、検察までが「緩るキャラ」

でよいというのは、どうにも実感しにくいに違いない。

これがどういうことなのかは、次のような元特捜検事の体験談を読むと、かなりの程度、わかる。それは、郷原信郎『検察の正義』（ちくま新書）で、著者は検察改革論やコンプライアンス問題の第一人者としても知られるが、その中に、著者自身の新任検事当時の実話が二つ紹介されている。

一つは、公務執行妨害・傷害で逮捕、送検されてきたケースで、被疑者が大学四年生ですでに就職も内定していたために、難色を示す上司（副部長）を説得して、即日釈放、起訴猶予にした話が出てくる。公務執行妨害・傷害は決して軽い罪ではないが、同級生としたたか飲んで帰宅途中の酔余の犯行だった。ここで前科をつければ、近い将来、自棄《やけ》になって道を踏み外すおそれが少なくないとの判断である。

二つ目は、強盗、窃盗などの前科がある被疑者がナイフの不法所持で逮捕、送検されてきたケースで、取り調べの結果、強盗目的などの不審点が晴れ、余罪もなかったために、少額の罰金の略式命令で処理した話である。この事件では、被疑者は所定の罰金を収めたところ、ほとんど無一文になってしまい、そのまま帰すこともできず、千円貸し与えた挿話が出てくる。

「これからどこへ帰るのかを聞いたところ、バスで30分ほどの場所に逮捕前まで一人で暮らしていた実家があるので、そこに帰ると答えた。しかし、所持金は50円しかない」

「服装は、逮捕されたときのままの薄着で、木枯らしが吹き始めた街にそのまま放り出したのでは、また窃盗などの犯罪をおこなうしかなくなるのではないか」

前科数犯の男に貸し与えた千円は半ば捨てたつもりだったが、果たして、一週間ほど後、その男は再び検察庁にやって来た。深々と頭を下げて、千円札一枚を差し出した。検事室から出ていく男の後姿を見て、

「私は、『ひょっとしたら、これを機会に更生してくれるかもしれない』と思った」（以上、郷原前掲書20〜24頁）

前出の統計数字「不起訴率＝六〇パーセント、不起訴率・略式命令請求率合計＝八〇パーセント」が意味するところの生きた事実とは、このようなことなのである。

浪花節とも言えるが、多くの日本人の法感情に合致するものに違いない。「もののあわれ」を大事にする日本的な処理と言えるだろう。

そして、温情をかけられた側も、それに応えることが少なくなかった。

たとえば、仮釈放者は満期出所者よりも再犯率が少ないことは前に見たが（表1―3―1「仮釈放者と満期釈放者の再犯率〈全〉」）、仮釈放後は、職業訓練や就労あっせんなどを生かし、実際に職を獲得している者が多い（表1―4―1「仮釈放開始時点と保護観察終了時点における有職率推移〈全〉」）。

それは、殺人をはじめとする重罪についても言える（表1―4―2「仮釈放開始時点と保護観察終了時点における有職率推移〈殺人、傷害致死、強盗、強姦、放火〉」）。

表1-4-1 仮釈放開始時点と保護観察終了時点における有職率推移〈全〉

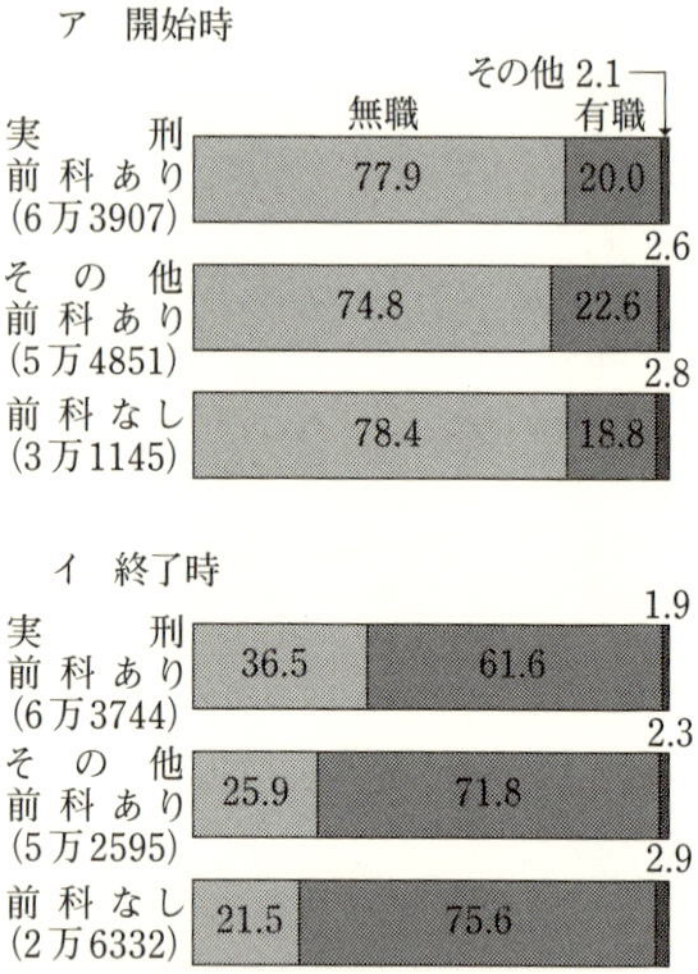

注 1　法務省大臣官房司法法制部の資料による
2　「その他」は、家事従事者、学生・生徒等である
3　刑事処分歴・就労状況が不詳の者を除く
4　（　）内は、実人員である

「犯罪増なき経済成長」の秘密

そして、ここが最も重要な点なのであるが、実際に、これまで治安水準確保が奏功してきたことである。「できるだけ刑務所へ入れない、入れても早く出す」という日本型刑罰システムが相当の成功を収めてきたという事実がある。

国際的に見た場合、日本は先進諸国の中で、唯一、犯罪増加を伴うことなしに経済発展を成し遂げた国であると、犯罪学者の間では評価されている。そして、その理由は、「犯罪者に寛大な日本型刑罰システム」にあると分析されている（ジョン・ブレイスウェイトなど）。

具体的には、次のような内容の分析である。

刑事司法の場（裁判だけでなく検察庁内処理も含む）で、犯罪者が罪を認めて形式的にせよ反省の意を表明することで、社会がそれを受け入れる。そう社会が受け入れて、施設への収容を省き、あるいは短期の収容とすることで社会復帰を促す。犯罪者も、また、それを追い風にしてそのまま首尾よく社会復帰を果たす。あるいは施設に収容される場合においても、仮釈放を得られるよう積極的に刑務所生活を務め、仮釈放後は保護司や協力雇用主などの民間人の助力も得つつ、何

表 1-4-2 仮釈放開始時点と保護観察終了時点における有職率推移〈殺人、傷害致死、強盗、強姦、放火〉

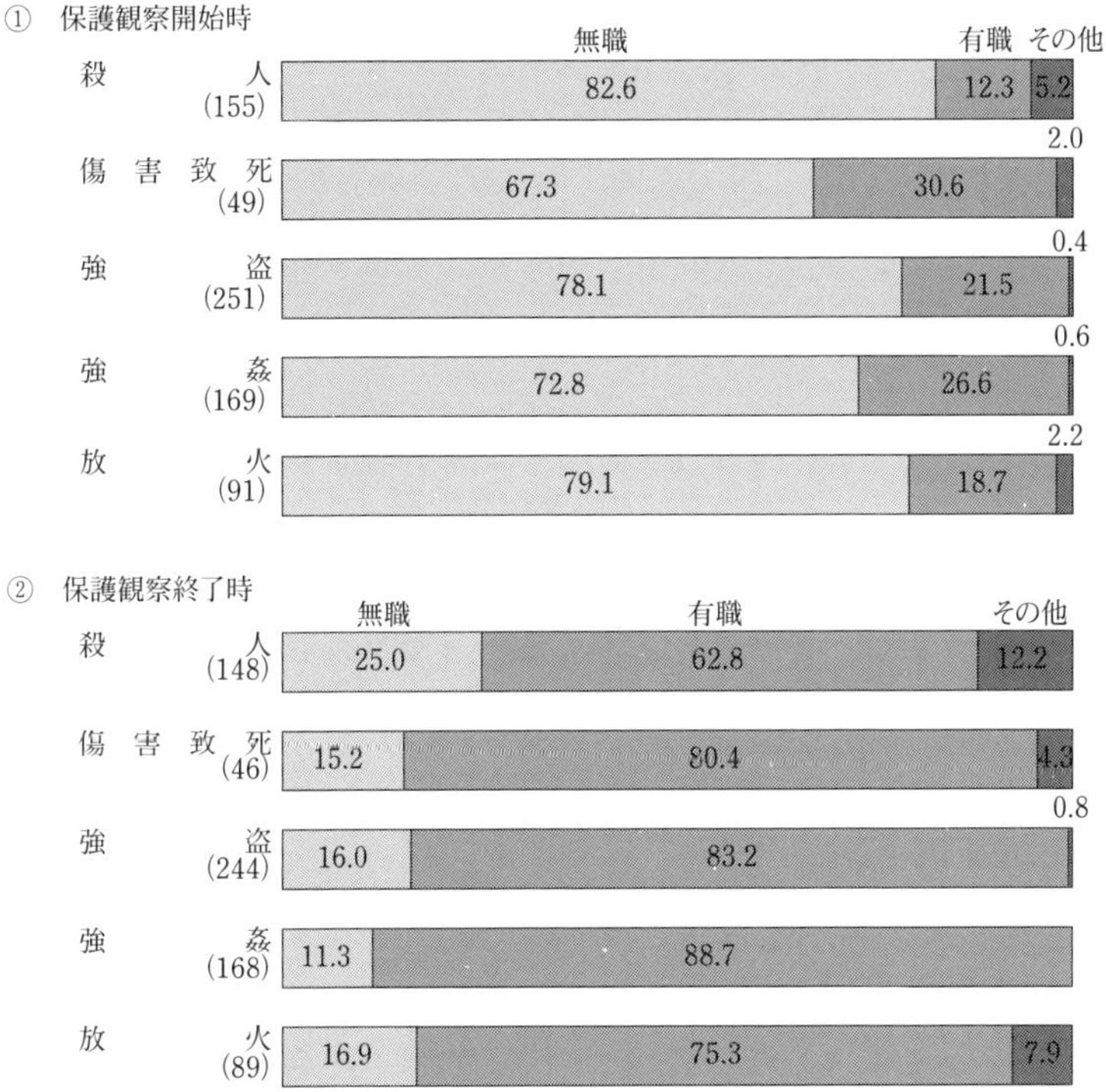

注 1　法務総合研究所の調査による
2　「その他」は、家事従事者、学生・生徒等である
3　開始時においては被退去強制者を、終了時においては、被退去強制者、保護観察中に死亡した者及び就労状況が不詳の者を除く
4　(　) 内は、実人員である

表 1-5 主要各国における殺人事件の発生率等 (2002年～2012年)

区分	日本	フランス	ドイツ	英国	米国
①認知件数					
2002年	1489	2415	2664	1869	16229
2003	1530	2173	2541	1792	16528
2004	1508	2097	2480	1608	16148
2005	1458	2107	2396	1684	16740
2006	1361	1937	2468	1391	17309
2007	1243	1866	2347	1396	17128
2008	1345	1899	2266	1236	16465
2009	1151	1630	2277	1210	15399
2010	1103	1746	2218	1161	14722
2011	1086	1946	2174	1033	14661
2012	1067	(1456)	2126	960	14827
②発生率					
2002年	1.2	4.1	3.2	3.6	5.6
2003	1.2	3.6	3.1	3.4	5.7
2004	1.2	3.5	3.0	3.0	5.5
2005	1.1	3.5	2.9	3.2	5.6
2006	1.1	3.2	3.0	2.6	5.8
2007	1.0	3.0	2.9	2.6	5.7
2008	1.1	3.1	2.8	2.3	5.4
2009	0.9	2.6	2.8	2.2	5.0
2010	0.9	2.8	2.7	2.1	4.8
2011	0.8	3.1	2.7	1.8	4.7
2012	0.8	(2.3)	2.6	1.7	4.7
③検挙率					
2002年	95.3	75.8	95.9	81.1	64.0

2003	93.7	81.0	95.6	77.3	62.4
2004	94.5	85.3	96.1	82.4	62.6
2005	96.2	84.2	95.8	64.8	62.1
2006	96.9	90.2	95.5	80.8	60.7
2007	96.1	89.8	96.8	81.1	61.2
2008	95.1	87.6	97.0	83.8	63.6
2009	97.2	92.8	95.7	79.8	66.6
2010	96.9	90.7	95.4	81.3	64.8
2011	97.6	93.1	96.1	85.5	64.8
2012	93.1	(88.3)	95.9	89.3	62.5

注 1 次の各国の統計書による
日　本　警察庁の統計
フランス　Les tableaux de bord de l'Observatoire national de la délinquance et des réponses pénales（2004年までの数値は、Aspects de la criminalité et de la délinquance constatées en France. 2009年までの数値は、Criminalité et délinquance constatées en France）
ドイツ　Polizeiliche Kriminalstatistik
英　国　Crime in England and Wales; Crimes detected in England and Wales
米　国　Crime in the United States
2 「殺人」は、次のとおりである
日　本　殺人及び強盗殺人（未遂を含む）
フランス　殺人（homicide）及び殺人未遂（tentative d'homicide）
ドイツ　謀殺（Mord）、故殺（Totschlag）及び要求による殺人（Tötung auf Verlangen）並びにこれらの未遂
英　国　謀殺（murder）、故殺（manslaughter）、法人故殺（corporate manslaughter）、嬰児殺（infanticide）及び謀殺未遂（attempted murder）（ただし、2011年までは、法人故殺を含まない）
米　国　謀殺（murder）及び故殺（nonnegligent manslaughter）（これらの未遂を含まない）
3 発生率の計算のための各国人口資料は、把握できた最新のものを用いている
4 認知件数等算出の基礎となる期間は、英国を除き、全て暦年である。英国では、会計年度（4月から翌年3月まで）を単位としている
5 フランスの2012年の数値については、国家憲兵隊（Gendarmerie nationale）の数値が除かれ、国家警察（Police nationale）の数値のみが計上されているため、参考値として括弧書きしている
6 英国では、認知件数について、2002年以降、犯罪被害者を重視した新たな犯罪認知基準（National Crime Recording Standard）を導入し、また、新たに英国交通警察（British Transport Police）による認知件数を含めて計上することとされている。ただし、本表においては、2003年までは、従来どおりの英国交通警察による認知件数を含まない件数を計上し、2004年以降、それを含めた件数を計上している。発生率についても、同様である
7 英国の検挙率については、2004年から2011年までは、把握できた「警察において終局処分を受けたか又は起訴等刑事裁判手続による処理が決定された事件の検挙件数」(sanction detection）を用いて計算しているが、2002年、2003年及び2012年は、全検挙件数を用いて計算している
8 日本の2008年以降の数値については、平成26（2014）年8月末日時点の暫定値である

とか社会の一員に復帰する。そのサイクルがうまく機能することで再犯が防止されて安全な社会が保たれていると分析されている。

これは、前述のとおり、仮釈放後の職業獲得に関する統計数字などにも表れている（表1―4―1、表1―4―2）。

また、郷原前掲書に即して言えば、不起訴となった大学四年生は、その後、内定を受けていた就職先で立派に社会人としてやっているに違いないだろうし、略式起訴で済んだ強盗前科のある男は、担当検事の千円札の温情をきっかけに、立ち直った可能性が少なくないということなのである。

そして、この社会復帰の循環は、全体として、犯罪者と一般市民を分断することなく、日本国民を一体化して統合する機能を果たし続けているという。そのため、急速な経済成長期において人的活動の拡大に伴う軋轢や摩擦が飛躍的に高まっても、奇跡的に犯罪増を抑えられたのだという。

日本の刑罰システムは世界一？

実際には、日本でも、再犯率は四〇パーセント前後ある（表1―3―1「仮釈放者と満期釈放者の再犯率〈全〉」中の▲印）。

だから、前記の評価は過大評価ではないかとの疑いもある。

おそらくは、アメリカやドイツと比較した場合、全体の再犯率や再犯者率では、圧倒的と言え

表 1-6-1 出所受刑者の再犯率〈殺人〉

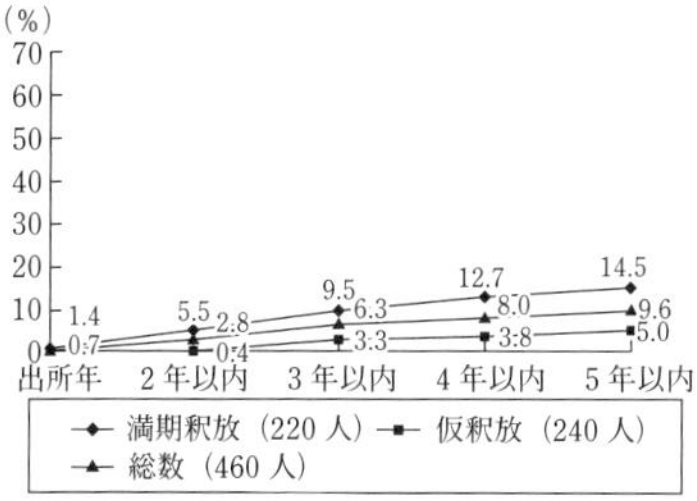

表 1-6-2 同〈強盗〉

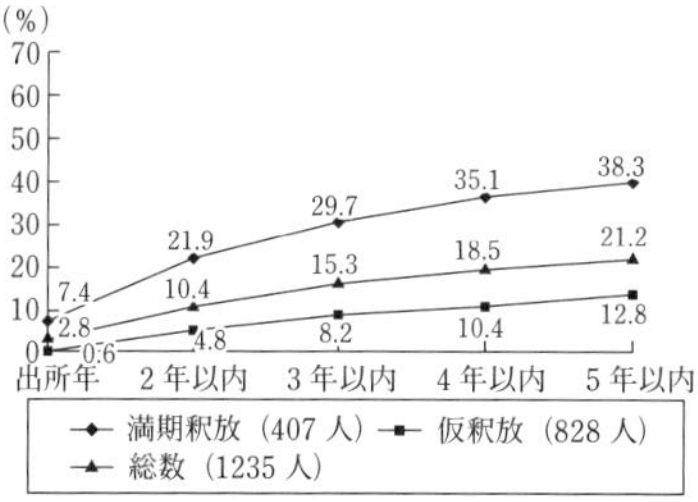

表 1-6-3 同〈強姦〉

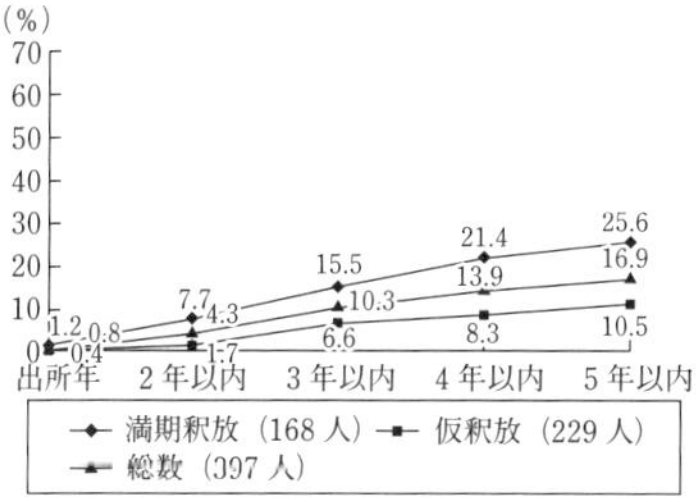

表 1-6-4 同〈放火〉

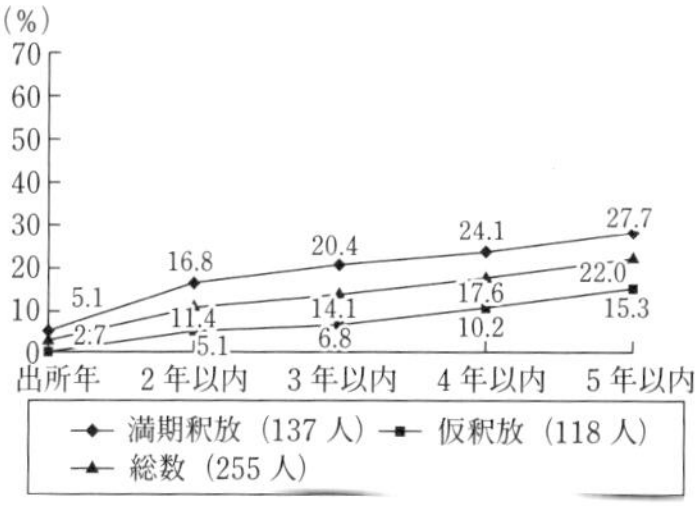

〈平成 21（2009）年〉

るほどの差はつけていなくとも、もともとの発生件数が大きく異なるので、全体として見た場合、治安水準に大きな違いが生じてくるのを指しているのだろう（表1―5「主要各国における殺人事件の発生率等」）。

また、絶対数を考慮に入れた場合、凶悪犯の再犯防止も十分にできているという評価になるのだと思われる（殺人、強盗、強姦、放火の重罪の犯罪別再犯率については、それぞれ、表1―6―1「出所受刑者の再犯率〈殺人〉」、表1―6―2「同〈強盗〉」、表1―6―3「同〈強姦〉」、表1―6―4「同〈放火〉」）。

とくに、これら重罪については、同種または異種の重罪を繰り返す「重大再犯率」が低くなっている（表1―7「重罪の重大再犯率」）。

表 1-7 重罪の重大再犯率

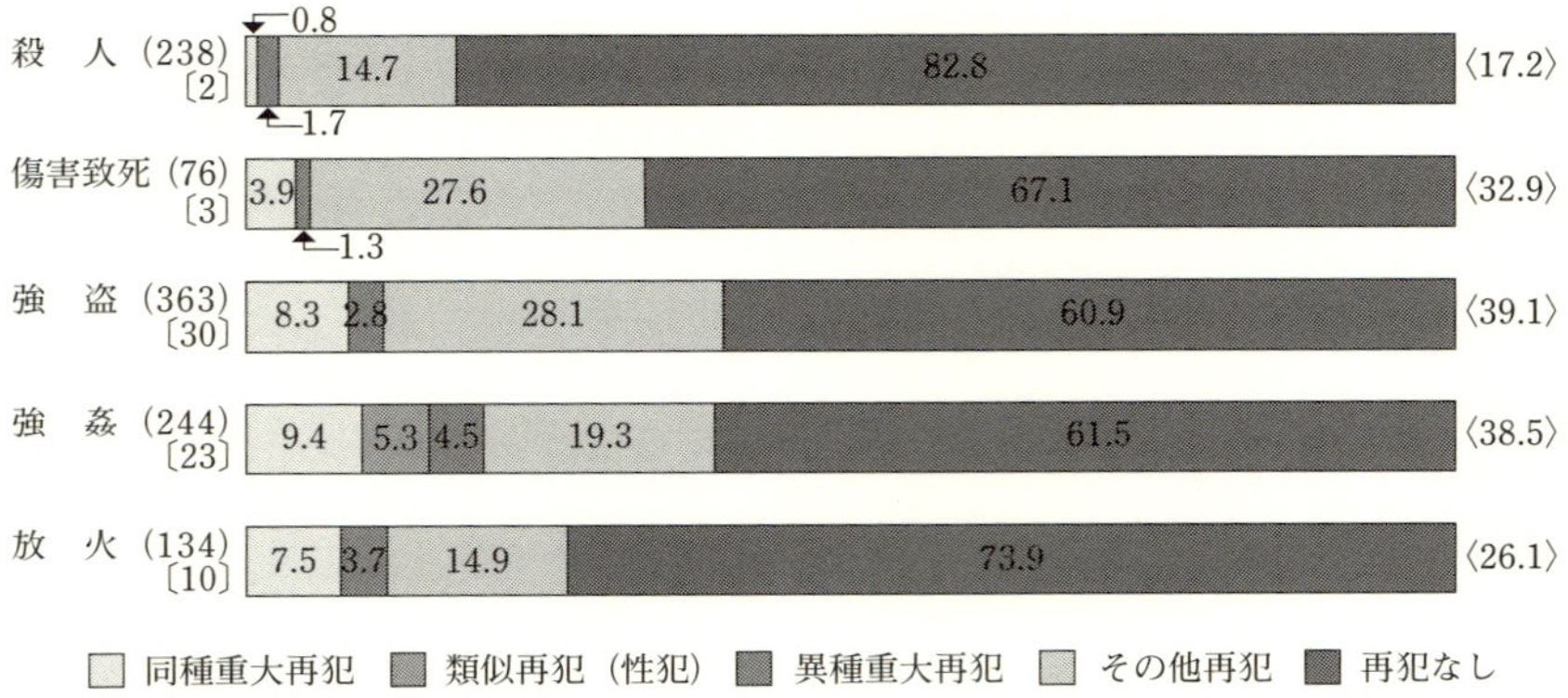

注 1　法務総合研究所の調査による
2　「再犯」は、刑事施設出所後の犯行（自動車運転過失致死傷・業過及び交通法令違反のみによる犯行を除く）により、平成 21 (2009) 年末までに禁錮以上の刑の言渡しを受けて確定したことをいう
3　被退去強制者及び平成 21 年末までに死亡した者を含む
4　「同種重大再犯」は、調査対象者が犯した重大事犯と同種の犯罪（同一罪名の犯罪。ただし、殺人と傷害致死は、相互に同一罪名であるとする）を含む犯行による再犯をいう
5　「類似再犯（性犯）」は、調査対象者が犯した重大事犯の罪名が強姦である場合に、強制わいせつを含む犯行による再犯（同種重大再犯を除く）をいうが、異種重大再犯に該当する再犯を除く
6　「異種重大再犯」は、調査対象者が犯した重大事犯と同種ではない重大事犯の犯罪を含む犯行による再犯（同種重大再犯を除く）をいう
7　「その他再犯」は、同種重大再犯、類似再犯（性犯）及び異種重大再犯に該当しない再犯をいう
8　調査対象者が、本件で複数の重大事犯を犯している場合、それぞれの罪名で計上している
9　図中の数値は、各罪名の調査対象者に占める再犯者の構成比である
10　（　）内は、実人員である
11　〔　〕内は、同種重大再犯の実人員である
12　〈　〉内は、再犯者の構成比である

なお、「再犯率」とは、出所後五年以内に再度罪を犯して刑務所に舞い戻ることになった前受刑者の率のことで、正式には「五年内累積再入率」と呼ばれるものを指す。他方、再犯者率とは、当該年度において検挙された犯罪者数に占める再犯者の人数割合を言い、再犯に至る確率である再犯率とは異なる。

かつては、日本の犯罪白書にも、アメリカやドイツの治安水準を指して、「強盗、殺人、強姦などの高い発生率をあわせ考えると、両国における危険な累犯者の問題は、絶対数の大きさから見て、かなり深刻な状況にあるのではないかと思われる」などという記述もあった。前同様の観点であるが、アメリカやドイツを「対岸の火事」に見立てて、その深刻さを引き合いに自国の治安水準を誇示していたわけである。

治安水準には、再犯ばかりではなく、初犯者の問題もあるが、一般に、どの国でも、再犯問題は刑事政策上極めて重要視されている。初犯者と再犯者では、犯罪全体に対する影響の大きさが異なるからである。それぞれが引き起こす一人当たりの犯罪の件数が異なっており、再犯者の方が多数の犯罪を引き起こすという、はっきりとした傾向がある（表1―8―1「犯歴による人数、件数の構成比〈概要〉」、1―8―2「犯歴による人数、件数の構成比〈詳細〉」）。

治安維持にとって、初犯者よりも再犯問題が占めるウエートが大きいのである。

加えて、日本では、統計資料（表1―9「初犯者人数、再犯者人数、再犯者率の推移」）によれば、近年、初犯者の数も順調に減り続けている（なお、表1―8と表1―9では、調査方法が異なるため、表の見方として、そのままでは連続しない面がある）。

表 1-8-1 犯歴による人数、件数の構成比〈概要〉

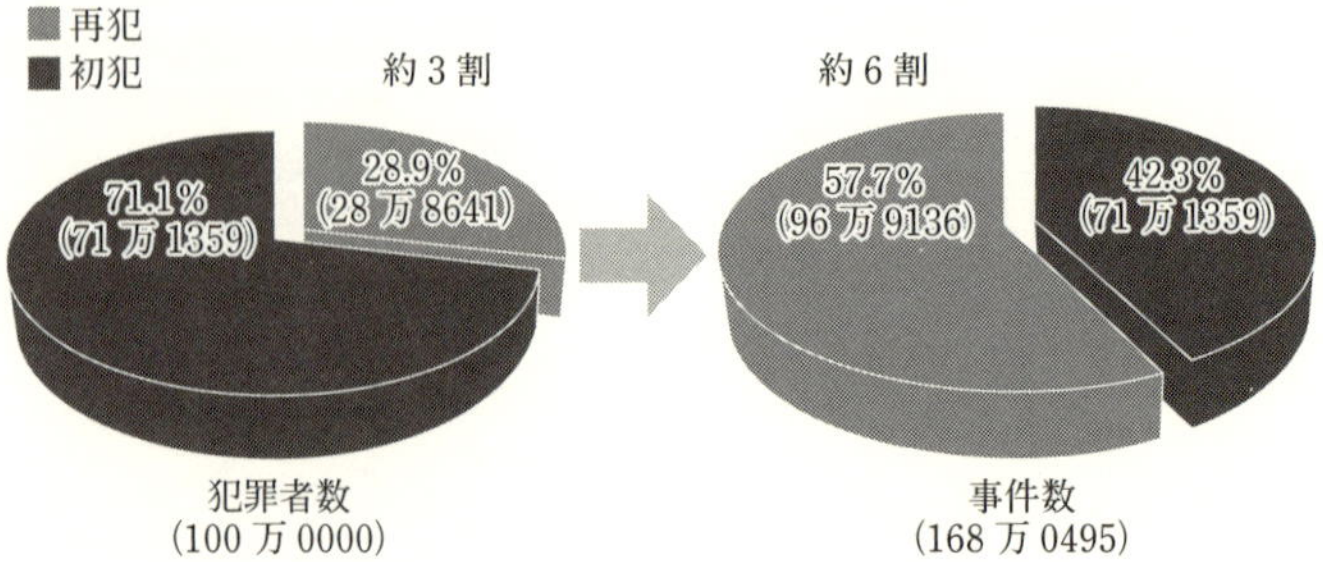

注 法務省だより「あかれんが」による

表 1-8-2 犯歴による人数、件数の構成比〈詳細〉

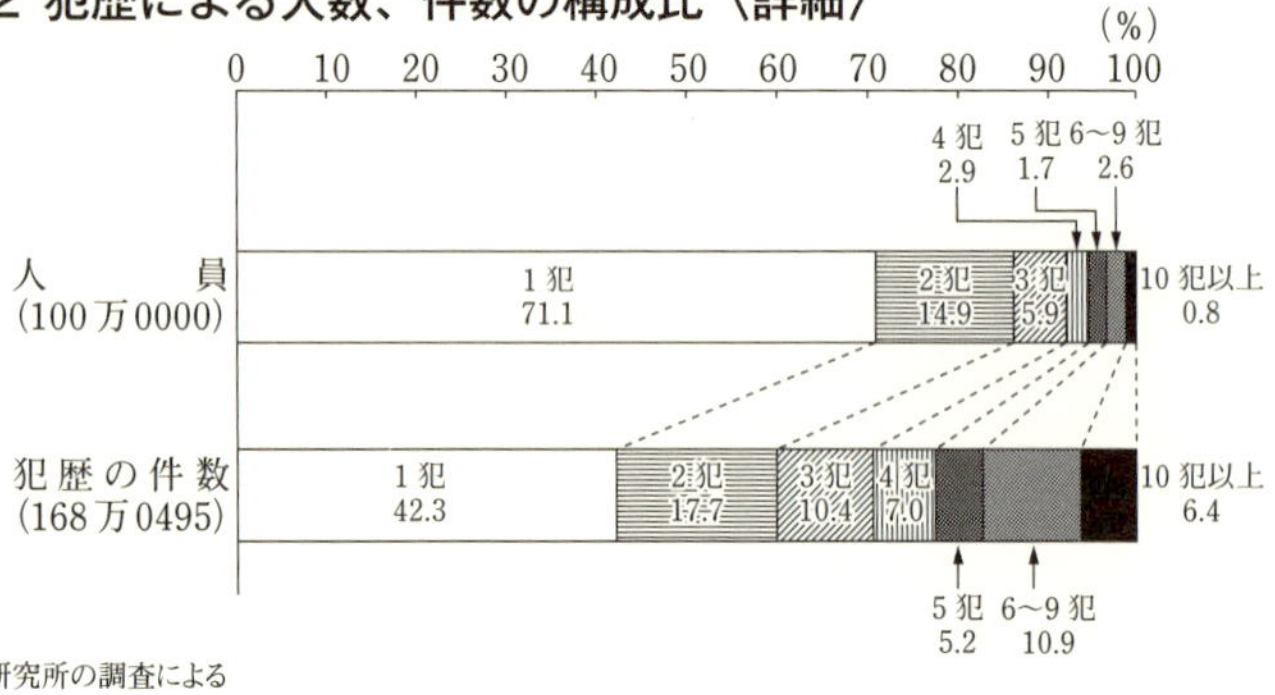

注 法務総合研究所の調査による

表 1-9 初犯者人数、再犯者人数、再犯者率の推移

(平成 6〈1994〉年～25〈2013〉年)

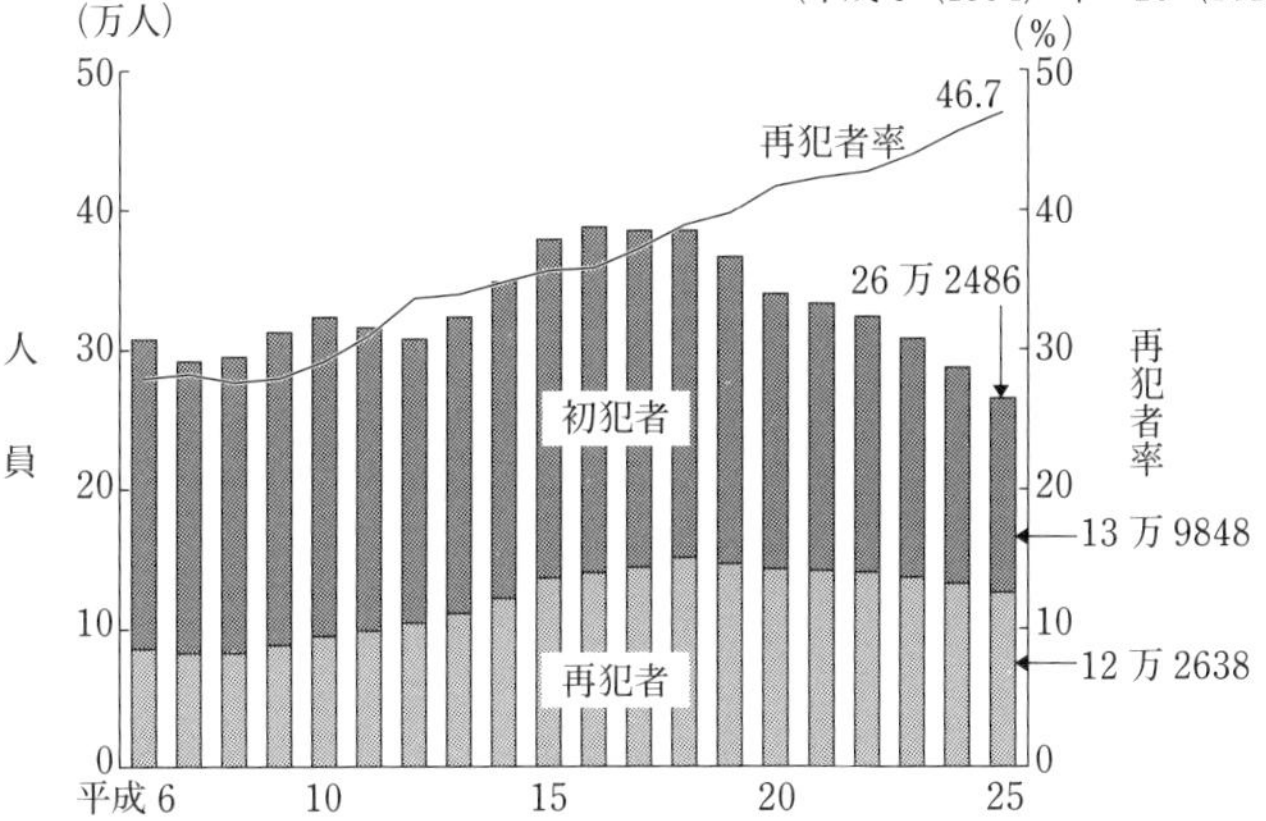

注 1 警察庁の統計による
2 「再犯者」は、前に道路交通法違反を除く犯罪により検挙されたことがあり、再び検挙された者をいう
3 「再犯者率」は、検挙人員に占める再犯者の人員の比率をいう

いずれにしても、日本型刑罰システムは、国際的には、稀に見る成功例とみなされている。客観的かつ公平に見て、経済規模を度外視すれば、北欧諸国など、もっと再犯率が低い国々もあるが、主要先進国の中では、最も問題が少ない状態で推移してきたと言って間違いないだろう。

安全神話の崩壊とその後

日本でも、前世紀末ころから、「安全神話の崩壊」が声高に言われ始めた。

オウム真理教事件（一九九五年の地下鉄サリン事件など）をはじめとして、神戸児童連続殺傷事件（一九九七年）、附属池田小事件（二〇〇一年）、長崎男児誘拐殺人事件（二〇〇三年）、奈良小一女児誘拐殺害事件（二〇〇四年）など、特異な残虐性によって人々に衝撃を与える事件が連続して起こり、体感治安の悪化が顕在化し、少年事件の凶悪化が叫ばれ、また子供の安全が社会問題化した。「安全神話の崩壊」に象徴される、わが国の犯罪不安は、二〇〇五年ころにピークを迎えた。

そして、二〇〇四年には、重罪の法定刑の引き上げを中心とする刑法の全面的改正が実施された。

その結果、日本の法システムにも目に見えるところで変化が生じている。たとえば、警察は、犯罪被害者相談など、積極的な被害対応を実施するようになり、また、これまで、ともすれば消極的になりがちだったストーカー、DV、児童虐待などにも対応を求められるようになって、処理事件数も著しく増加した。

では、検察＝裁判所による「緩い日本型刑罰システム」はどうだったか。

こと日本型刑罰システムに関する限り、それが検察を中心的担い手とし、検察権力の力の源泉にかかわることもあって、基本的には、ほとんど変化がなかった。その証しに、前世紀末から現在まで、検察の不起訴率・略式命令請求率の合計は、ほぼ一定で、全くと言ってよいほど変わっていない。不起訴率自体は、むしろ漸進的に増え続けている（表1―2―1「起訴猶予率、その他不起訴率、略式命令請求率、公判請求率〈平成一六年～二五年〉」）。

裁判所の執行猶予率も、ほとんど変わっていない（表1―10「地方裁判所の執行猶予率」）。

ジョン・ブレイスウェイトなどが指摘し、絶賛した「犯罪者に寛大な日本型刑罰システム」は、依然健在である。

重罪の法定刑を引き上げる方向で刑法の全面改正が行われたのだから、刑罰システムには大き

表 1-10 地方裁判所の執行猶予率（全年齢層）

（平成13〈2001〉年〜22〈2010〉年）

年 次	有期懲役・禁錮総数	執行猶予		保護観察付	
平成13年	6万9509	4万2499	(61.1)	4182	〔9.8〕
14年	7万3315	4万5058	(61.5)	4105	〔9.1〕
15年	7万7505	4万8339	(62.4)	4051	〔8.4〕
16年	7万8213	4万8480	(62.0)	3969	〔8.2〕
17年	7万6264	4万5935	(60.2)	3673	〔8.0〕
18年	7万2339	4万2407	(58.6)	3415	〔8.1〕
19年	6万8039	4万0167	(59.0)	3160	〔7.9〕
20年	6万5350	3万8748	(59.3)	2945	〔7.6〕
21年	6万3434	3万7272	(58.8)	2944	〔7.9〕
22年	6万0599	3万5357	(58.3)	2990	〔8.5〕

注 1 司法統計年報及び最高裁判所事務総局の資料による
2 判決時の年齢による
3 有期懲役及び禁錮の執行猶予に限る
4 「全年齢層」は、年齢不詳の者を含む
5 （ ）内は、執行猶予率である
6 〔 〕内は、執行猶予者のうち、保護観察に付された者の比率である

な変化が生ずるはずだと考えるのが当然である。しかし、実際にはそうなっていない。

もちろん、刑法の改正が行われた以上、法を適用する立場の裁判所の判断が全く変わらないというわけにはいかない。そのため、量刑は、一般に上方に引き上がった。しかし、それは、重罪の刑を一律的に少しばかり引き上げるという表面上の変化にとどまり（殺人罪であれば、懲役三年分くらいが引き上がった）、システムの本質は変わらなかったのである。

これは何を意味するかと言えば、「刑務所へ入れない、入れても早く出す」「量刑の場における寛刑主義」「緩るキャラ検察」などが、日本という法治国家の根幹をなすということである。犯罪が生じても、できるだけ刑務所を回避して、あるいは刑務所に入れるにしてもショートカットして、犯罪者を社会へ還流させるというのが、あくまで、日本の基本システムである。

そして、もし、その基本線を崩すならば、日本の治安水準の維持は必ずしも保証できないというのが、検察・裁判所間の共通認識になっていると言える。

第二章

犯罪被害者の苦悩と加害者の立場

犯罪被害者の生の声を聞く

裁判所は、長年、単なる相場感によって懲役何年という刑の数字を決めてきた。いみじくも、職業裁判官は、それを量刑相場と称していたが、所詮は、株式相場や先物相場と同じものである。量刑相場は、後に詳しく述べるように、極めて事務的で無機質、とてもではないが「人間的」とは言えない。ほかに数字（懲役数字）を決定する方法が見当たらなかったとはいえ、これまでは、このような血の通わないやり方で裁判の結論を決めてきた。

これでは、一方では、被告人の人生の時間を軽んじて、それを懲役年数の形で機械的に切り刻んできたと言われてもやむを得ないし、何より、犯罪被害者の心情をシャットアウトしてきたという非難を甘受しなければならない。

今世紀に入るころから、国の対応のひどさに犯罪被害者たちが声を上げ始めた。二〇〇〇年には、殺人事件の被害者遺族を中心に『犯罪被害者の会』（現『全国犯罪被害者の会』）が設立され、捜査や少年審判における知る権利や法廷での弁論権の確立をはじめ、社会的なケアや経済的な支援も含めた総合的な被害者保護の必要性を訴え、そのための活動を開始した。その中で、犯罪被害者からは、犯罪によって苦しめられるだけでなく、官僚的な刑事司法によって二度苦しめられるという声さえ出ていた（「犯罪被害者は、二度被害者になる」）。

とりわけ、犯罪被害の中でも、人命が失われた場合の遺族の被害感情は特別である。殺人事件の被害者遺族の犯人に対する強い怒りや憎しみは、内側から自らを苦しめ、すべてを許して楽になりたいと思うほどの名状しがたいものであると言われる。犯人に対する制御不能の感情は、悲嘆と虚脱感がないまぜになって、被害者遺族の人生に重くのしかかり続ける。

その実情と内面の葛藤を犯罪被害者（遺族）自身の肉声で垣間見る。

以下で紹介するのは、実際に法廷で行われた意見陳述や被害者自身が公表した手記からの抜粋である（いずれも、内閣府のWEBサイト「共生社会政策」『犯罪被害者等施策』で全文を見ることができる。なお、引用に当たり、固有名詞はすべて記号化した）。


「解剖後戻った遺体はずっと血の涙を流し続け」

最初は、一八歳の子供（義理の娘だったが赤ん坊のころから育ててきた）を殺害された遺族の法廷における意見陳述である。


「平成14年8月27日、A子（当時18歳）が殺害されてから5年半が過ぎようとしています」

「事件当日の8月27日、A子の変わり果てた姿を見た私は脳天を打ち砕かれたような衝撃を受けました。自分の目の前の出来事が夢か、現実か判断に苦慮しました。『A子ちゃん、A子ちゃん』と叫びましたが、もうあの子には何も言えなくなってしまいました。前の晩、あんなに楽しく話をしていたのに…」

「28日の夜遅くA子は解剖されて帰ってきました。左目は殴打され唇も切れていました。生体反応はない筈なのに殴打された眼からはずっと血の涙を流し続けていました」

「手塩にかけて育てた子を見送る辛さ、愛している子が無残な殺され方をされて、その死因を認めなければならず、私は拷問に等しい体験をしました」

「私はその後、悶々とした気持ちを抱えたまま時が過ぎて、黙っておれなくなり前を向いて頑張るしかないと思うようになりました」

「裁判長様、A子の命は世界に二つとない大切なかけがえのないものです。どうかよき御判断を宜しくお願いします」

次は、一九歳の一人息子を殺害された母親の法廷での意見陳述である。

「何度かふと、電車に飛び込んだら…と思うのですが、主人や周囲の人々の励ましで何とか、この一ヶ月、一日一日過ごすことが出来ました」

「私と違って主人は、少しぐらいのことでは参るような人ではないのですが、今でもふと涙を流していることがあります」

「一番訴えたいけれども、一番思い出したり書いたりするのに耐えられないのが事件のことです。B男が亡くなってから、警察で状況をお聞きし、本当に残虐なことをされたB男の痛みや悔しさを思うと、日に日に悲しみは癒されるどころか、募る一方です」

「運転免許を取ったばっかりでした。欲しくて欲しくて仕方がなかった車が、探して探してやっと来たと言うのに……。あんなに楽しみに待っていた車に一度も乗ることなく逝ってしまいました。海にも行ってみたいし、都会にも遊びに行きたいし、20歳の成人式にはギャルソンのスーツを着ると言っていたし……」

「加害者の一人が『生きているのが辛い。』と私共に手紙の中で述べておりました。辛いと感じる命があなたにはあるし、もう一度社会を歩んでいけるチャンスが命ある限り訪れることでしょう。正直なところどんな言葉も私共には響くことはありません」

「生きている限り、加害者といえども、その人の人権が守られることでしょう。しかし命が無くなったB男の人権は一体どうなったのでしょう。こんなに悲しいことがあるでしょうか」

「犯した罪は本当に償うことが出来るのでしょうか」「残虐な行為。与えた精神的な苦痛。罪の無い人の命まで奪ったと言う事実に対し、取り返しがつかないことなのだと厳しく厳しく法の下、裁き追及していただくことを心からお願い申し上げます」

「腐乱した物体でも、あの後ろ姿は間違いなくわが子でした」

次は、一六歳の少女が出会い系サイトで知り合った三〇歳の男に首を絞められて殺害され、塩釜港に遺棄されて発見され、マスコミにも大きく取り上げられた出来事について、その事件の被害者の母親の肉声である。

「新聞の『塩釜港に女性の腐乱死体』との見出しに目を奪われました。7月25日のすごい胸騒ぎを思い出し『まさか』の思いで打ち消したものの、ひきこまれるように新聞を見ました。

（血液型B型・ピアス・ブレスレット）

『もしや』『まさか』の葛藤でした。

一日悩んだ末、友達に相談して8月12日塩釜警察署に同行してもらい、塩釜警察署で遺留品を見た時、体から血の気が引き宙に浮くのがわかりました
「C子の歯型が一致」

「初めての裁判を傍聴。加害者の家族に初めて会うのに、悪びれもなく逆に睨まれ憎悪がこみ上げてしまい、負けまいと睨み返した自分、C子のためにも負けられない」

「裁判所に出されていたC子の最後の写真を見たいと申し入れ見せてもらいました。腐乱した写真、誰が見ても腐乱した物体でしかないでしょうが、あの後ろ姿は、私のC子です。間違いなくC子でした」

「テレビ局、新聞記者、週刊誌の記者等が取材するにあたり、C子の友達の所に行ったらしい」

「出会い系サイト・友人のいない子・家庭環境が複雑等々」

「C子は何故に死んでまで此処まで傷つけられるのか」

「何故、死んでからまで、こんなにも非難され悔しく悲しい思いをしなければならないのか、まだ16歳、16歳の命を無駄に殺されたのに」

続いて、義理の妹を殺害された立場で公にされた手記を見る。

「本来であれば、遺族として、被害者の夫がこの立場に立ってお話しすべきですが、本人は、あの悲惨な事件を思い出したくない、そっとしておいてほしいという気持ちが強いため、今回、被害者の兄嫁である私が、遺族の立場、考えをお話しする事……になりました」

「私の主人の妹は、平成16年9月3日、町内会の人間を装って玄関ドアを開けさせた犯人に、ナイフで何度も刺され、タオルで首を絞められ、殺害されてしまいました。私が事件を知ったのは、『おばちゃん、お母さんが血だらけ』と言う妹の一人息子からの電話でした」

「まさか今までテレビや新聞の中での出来事が、自分の周りで起こっているとは思っても見ませんでした」

「私たち家族は、時がたっても犯人に対しての憎しみは、消えることなく事件を忘れ去ることはできません」

生活を奪われる犯罪被害者

被害者たちの悲嘆は深いが、被害の広がりという点でも、犯罪被害の場合は特殊である。犯罪の負の力は被害者の人生という水面に投じられた巨石の如く、その破壊作用は、精神的なダメージ以外にも、あらゆる面で波紋のように広がってゆく。犯罪被害者は生活権まで奪われる。

その点についても、犯罪被害者の肉声で紹介したい。先に出てきた最後の手記の事例でそれを見る。町内会の人間を装った犯人に自宅に入られて殺害された事件で、まだ小学生だった一人息子が第一発見者になったケースである。

「殺害された場所が自宅で、一人息子が第一発見者で、犯人の家族が目の前に住んでいることで、生活の場をなくした妹の夫と息子は、妹の実家である我が家で、大家族の中での生活を余儀なくされました」

「妹の息子は、第一発見者であるため、精神的なショックが大きく、物音や暗闇を怖がり、夜眠れない日々が続き、事件から2ヶ月ほどたった頃から、無意識にぴくぴくと首を振るしぐさが見られるようになり、日に日にそのしぐさをするのが頻繁になってしまった」

「事件から、ちょうど3年がたちました。現在妹の夫と息子は、我が家の近くのアパートを借りて二人の生活を始めています」「事件現場の家は、住むことも、処分することもできず、ただローンだけは払い続けている状態です」

「妹の息子も中学2年になりました」「いまだに、暗闇と物音は怖いようで、夜寝る時でも、電気とテレビはつけたままの状態は続いているそうです」

刑事司法への異議中立「被害者は二度被害者になる」

そして、多くの犯罪被害者が、法と裁判の在り方に疑問を投げかけ、あるいは、はっきりと苦情を訴えている。

「私は老いた身に鞭打ち頑張っています」
「ここまでくるまで私達被害者は法律の壁に阻まれました」
「今回の裁判の中で、公判途中で裁判長が代わったり……した事があったのは今でも考えられません」
「意見陳述を聞いてもらった裁判長が居ないのですからとても不安で仕方がありませんでした」
「被害に遭った者が、様々な問題を訴えなければ何も解決しない」

従来の官僚司法に対する犯罪被害者からの批判には、厳しいものがあった。事実、これまで職業裁判官は、量刑相場で、つまり相場感で刑を決めてきたのだから、被害者の心情を無視してきたと言われてもやむを得ない。

同じく刑事裁判に携わったことのある身として、個々の裁判官が犯罪被害者の訴えなど聞く耳を持たず、裁判の結論に反映させる努力を少しもしていなかったとまでは言わない。しかし、それなりに犯罪被害者の声に耳を傾け、努力を試みていたとしても、最終的には量刑相場によって数字を出していたのだから、結果として何も応えていなかったことに変わりない。「被害者の心情を無視した」という非難は甘受するほかない。

日本の職業裁判官は、審理の過程で努力――無駄な努力――はしたかもしれないが、過程や個々の裁判官の心境はどうであれ、犯罪被害者の声に、結局のところ、株式相場や先物相場と同じ意味での「相場感」でしか答えられなかった。

更生した犯罪者の本音

犯罪被害者の心情には、犯人に対する憎しみも含め、やむにやまれぬものがある。犯罪被害者は、われわれの社会の中で、たまたま被害を受けたのであるから、その避けがたい苦悩は、社会の中で共有されなければならない。

さりながら、他方では、加害者（犯罪者）も、死刑でない限りは、生きていく。いずれは社会復帰する時が来て、否応なしに、隣人として共生の時を迎えることになる。許せないという思いを抱く犯罪被害者にしても、加害者と共存せざるを得ない。

その時に、犯罪被害者にとっても、われわれにとっても、できる限り安心できる存在になっていてもらう必要がある。犯罪者の更生という問題である。

犯罪の加害者の側は、罪を犯した後、それとどのように向き合い、どう内面的に変わり、いかにして社会復帰して再出発しているのか。

今度は、更生した犯罪者の偽らざる内面をその肉声で探る。

以下で紹介するのは、受刑者とノンフィクション作家との対話の中の生の声である（いずれも、斎藤充功『ルポ出所者の現実』〔平凡社新書〕に収められた手紙やインタビューであり、すべて斎藤氏の独自取材によるもの）。

「雀の涙の作業報奨金でも、もらうのが申し訳ない」

最初は、予備校講師の職にありながら、被害者二人の殺人未遂罪で懲役七年に処せられた三十代の男性である。

「自分にはつき合っていた元教え子の彼女がいて、柄にもなく結婚しようかと思っていたのです。その準備のためにマンションまで購入したわけなのですが、彼女が私の先輩講師に走ってしまい、三角関係がもつれて彼女を刺してしまいました。そしてその話し合いの場に一緒に来ていた先輩講師も同じように刺しました。別に逃げようとも思いませんでしたから、自分で警察に通報しました」

「何年も刑務所にいると、何が出ようが同じ味だから飽きてしまう。それでも食べ続けなければならない。『飯も刑のうち』」

「刑務所は我々の稼ぎをガッポリかすめているのではないか、という質問を仲間から受けた。確かに我々の作業報奨金は激安だ。……だが、受刑者は肝心なことを忘れている。それは衣食住、医療費、光熱水道費すべてを刑務所が賄っており、一人当たりの年間費用は約46万円。……これでは、とても、刑務所が儲かっているとはいい難い。すべて税金から出ているお金である。スズメの涙の報奨金といえども、もらうのが申し訳なくなってしまう」

（仮釈放について）「近づいてくるにつけて期待と不安でドキドキしてくると思います。不安のほうが圧倒的に大きいのですが……」

以上は、服役中の通信である。仮釈放を得て出所してからのインタビューでは、次のように述べている。

「刑期は7年、仮釈は9カ月でした。黒羽で服役した期間は6年と百日余りです」

「社会復帰してからが大変で、最初のころは一人で外に出るのが怖かったです。……刑務所の6年は長いですよ。社会復帰したとはいえ、心身のダメージは予想以上に大きかった」

「刑務所の通信教育で大学卒業」

次は、一九歳でやくざとなり、現住建造物放火罪などで懲役八年の判決を受けて、七年八月服役して仮釈放で出所後、現在は正業に就くべく「就活中」という四十代の男性である。

「自分は母子家庭に育ちまして、……真面目に働いて家計を助けたいと思って、地元を離れて茨城のつくばで新聞配達もやりましたが、結局地元に戻って悪ダチとつるむようになったんです」「不動産関係の同業者で二十代にもかかわらず事業に成功して、地元で羽振りのいい社長と出会ったんです」

「ある時、社長に地上げを頼まれました。義理も借りもありましたから、やるしかなかったたんです。案件は狙っていた物件、それはボロアパートに住んでいる住民を追い出す仕事でしたが、話し合いでは住民は退去しなかった。それで社長からけしかけられた若い社員が、そのアパートに火をつけてしまいました。自分は、見張り役だったんですが、火の手を見てヤバイと思いました」「それで火は瞬く間に広がってアパートが全焼してしまったんです。被害者が出ました。地上げとは関係のない二階の住民が重傷を負ったんです」

「見張り役といっても自分には前科もあったので、判決には従いました。控訴はしませんでした」

「時計の針を戻すことはできませんが、塀の中で無為な時間を過ごすのはもったいないと考えて、いろんな資格に挑戦しました。……簿記一級、二級建築士、さらに、通信教育で大学卒の資格も取ったんです」

「歳を考えるとぼやぼやしていられない。いずれは社会に戻ってゆく身。出所したら資格を生かして仕事をしたい、そんな考えと将来の希望を持ちはじめて……昼は靴工場で腕を振るい、夜は勉強に熱中しました」

「更生ですか？　正直いって自分には、まだその言葉がピンとこないんです。刑務所にも『更生プログラム』という教育の時間があります。そこでは、『罪を反省して反社会性を克服する』なんて、指導を受けるんですが、現実感がないんです。むしろ、教育は出所後に役立つ職業選択とか求人情報の紹介など、出所してすぐに役立つことをやってもらいたいです」

「更生」の意味を問う

以上の犯罪被害者の肉声と更生した出所者の本音を引き比べると、そこには大きな落差があることがわかるだろう。深さのレベルが全く違っている。

更生した出所者の具体例として引き合いに出した二名は、通常の基準から言えば、見事に更生した例と言える。その点は、疑いない。

しかし、では、その「更生」の結果、被害者の「赦《ゆる》し」を得られるか、あるいは、何がしか被害者感情に応えられているかと言えば、とてもそのような状況ではないことは歴然としている。いや、被害者のことを気遣う発言が全くないのをはじめ、「赦し」を乞う姿勢になっていないとさえ言えるかもしれない。

いま引き合いに出したような加害者の「更生」であれば、被害者にとっては、おそらく何の意味もないだろう。

ところが、繰り返しになるが、先の二名の「判決―服役―出所後」の軌跡は、わが国の司法的基準からすれば、間違いなく、重罪を犯した後に更生したケースと評価される。と言うよりは、最初の元予備校講師の事件などは、おそらくは、判決の量刑段階で「更生の可能性あり」として刑を軽くする方向で考慮されているはずである。大学卒業後、社会人として、かなりの期間大過なく生活してきたことで、そうみなすのがこれまでの裁判実務である。むしろ、もっと無差別的に、犯罪集団の一員でもない限りは、「更生の可能性あり」「更生の可能性がないわけではない」

などと認定して、量刑上考慮するのが通例だった。

そして、そのような扱いの結果、往々にして、犯罪被害者側の受け止めとして、あるいは一般的な市民の感覚として、「刑が軽すぎる」という印象ないしは一般通念を生じてきた。実際、わが国の従来の刑事裁判は寛刑主義で運用されてきた。そのこと自体は、すでに出てきたが、更生の可能性と刑を軽くすることとの間には、いわば「鶏と卵」の先後関係がみられるのである。犯罪者の「更生」は、刑事裁判を寛刑主義で運用するための法技術として使われてきたと言える。

犯罪者の更生が期待できるから刑を軽くするのではなくて、刑を軽くしたいから、「更生」の可能性ありと認定しているのである。

裁判中の被告人の生活と環境

裁判では、多くの場合、程度の差はあれ、判決で被告人の更生の可能性を肯定して終わる。判決書の表現で言えば、「今後の更生が十分に見込める」「更生の可能性が少なくない」「更生の可能性が認められる」「更生の可能性がないわけではない」等々である。

そして、それが肯定されない場合（組織暴力団の一員である場合など）と比べて、刑が軽くされる。

しかし、これは、本当のことを言えば、わかるはずのない事柄を無理に強弁しているだけのことである。いや、強弁しているのみならず、完全に矛盾している。

更生とは、もともと、長期間を経たうえで到達するものである。宗教的な啓示のように、突然ある時点で改心するようなものではない。

つまり、判決で刑罰を宣告され、施設内（刑務所）で服罪・服役生活を送り、仮釈放後は保護観察を受け、その観察期間を経過することで、再び社会の一員として復帰するという段階的なものにほかならない。法制度自体が、そのようなものとして「更生」を想定している。最初の判決の段階で更生の有無をあまりに立ち入って云々するのは、矛盾と言うほかない。

被告人は、裁判中には、拘置所に身柄を置かれるが、自白事件（有罪であることを争わない事件）の場合は、多くが、二、三か月で裁判は終わる。公判がある日は、東京拘置所の場合であれば、早朝に他の事件の被告人とともに押送車（特殊バス）で東京地裁に出発し、夕方、また他の事件の被告人と一緒に帰ってくるというパターンである。法廷での自分の出番以外の時間は、裁判所内の同行室（通称「カリカン」）で過ごす。

公判がない日にはどうしているかと言えば、まず何より、裁判対策のための弁護人との打ち合わせが入る。打ち合わせを離れても、どうしても、そのことが当面の最大の関心事にならざるを得ないから、深い精神生活のための時間や内省の機会は多くない。衣食住の日常生活の面では、拘置所は刑務所に比べて自由度が高く、そこでは自弁で好きな食べ物が買えるし、新聞・雑誌類も自由に取って読める。実際には、お菓子やスナックを食べながら、週刊誌や漫画、スポーツ新聞などを読んで過ごす者が少なくない。

裁判所が更生の可能性を見通しているわけではないことは明らかだろう。ただ「更生の可能性あり」とみなしているというにすぎない。

及び腰の再犯防止の現実

では、なぜ、そうみなすかと言えば、それは、ここまで読んできてもうおわかりと思うが、一般的に寛刑主義で刑事裁判を運用したいからである。刑務所へ長く入れておくのではなく、早く刑務所から出して、スムーズに社会復帰させたいのである。前章でも出てきた事柄であるが、そこには、長く刑務所へ入れておくと、社会復帰がそれだけ難しくなるという見立てがある。

更生した犯罪者の例として最初に引いた元予備校講師は、仮釈放が近づいた時の気持ちを「近づいてくるにつけて期待と不安でドキドキしてくると思います。不安のほうが圧倒的に大きい」と言い表していた。社会復帰した後にも、「刑務所の六年は長い」「心身のダメージは予想以上に大きかった」と述べていた。刑務所へ入ったことのない身からすると実感しにくいが、それが受刑者の現実なのである。

とにもかくにも、更生してもらうためには、長く刑務所へ入れてはまずい。寛大な犯罪処遇しかないと考えられているわけである。

反面を言えば、そこで考えられている「更生」とは、再犯を防ぐことに尽きる。

そのため、想定されているプログラムは、次のようなものになる。まず、刑務所で規則正しい施設内生活をさせて社会生活を送るための最低限の基本を身につけさせ、それができたならば、仮釈放で一般社会に出し、社会に出た直後は、保護観察官や保護司の監督・指導を受けさせながら社会生活上の規律に順次適応させ、その保護観察期間中、遵守事項を履践させて助走とし、最

表 2-1-1 仮釈放者の居住状況〈更生保護施設居住者の割合、全〉

（平成11〈1999〉～20〈2008〉年の累計）

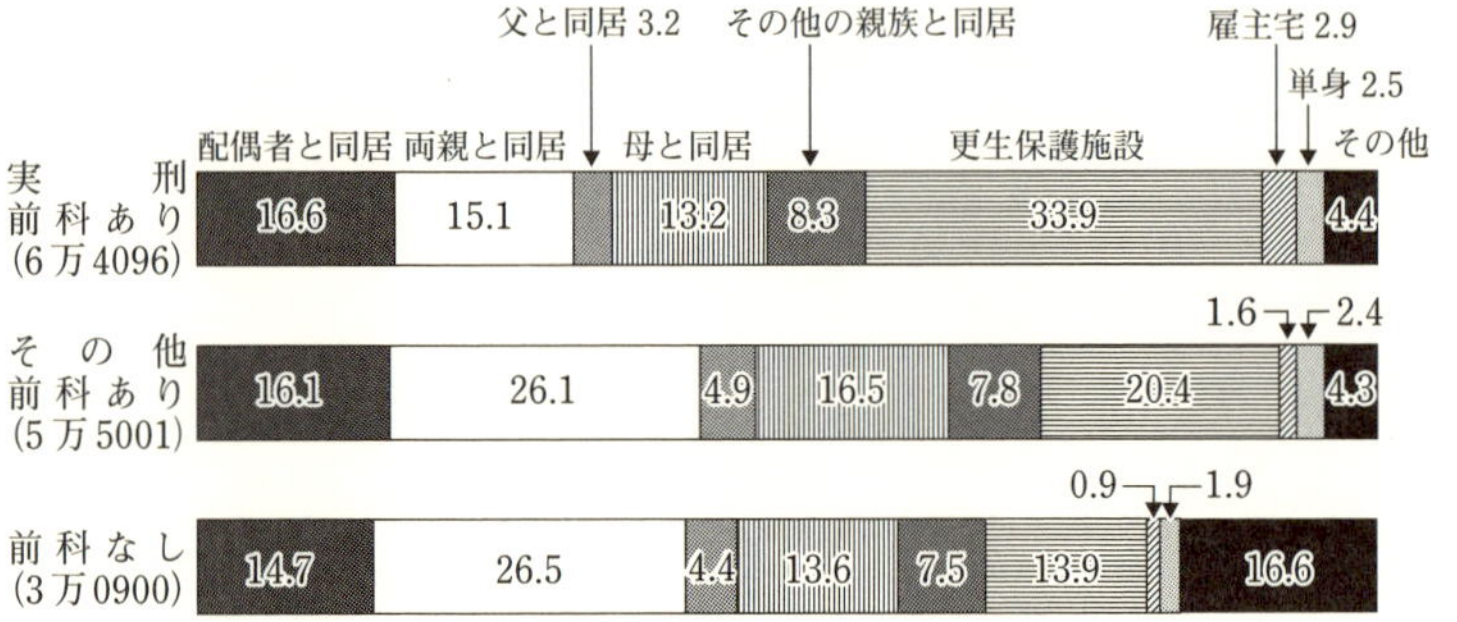

注 1 法務省大臣官房司法法制部の資料による
2 刑事処分歴・居住状況が不詳の者を除く
3 （ ）内は、実人員である

表 2-1-2 同〈殺人、傷害致死、強盗、強姦、放火〉

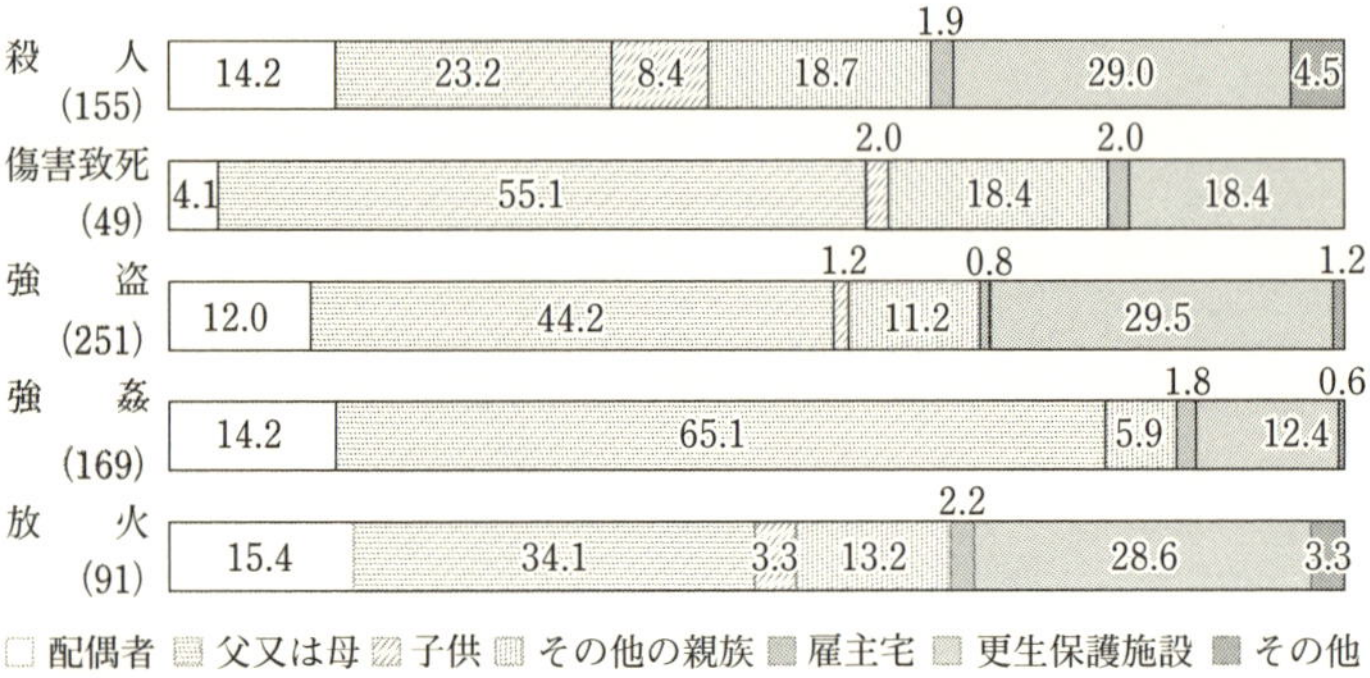

注 1 法務総合研究所の調査による
2 被退去強制者を除く
3 中間処遇実施者は、中間処遇終了後の帰住地における引受人で計上している
4 「その他」は、知人等である
5 （ ）内は、実人員である

表 2-2 出所者の帰宅先の有無と再犯期間

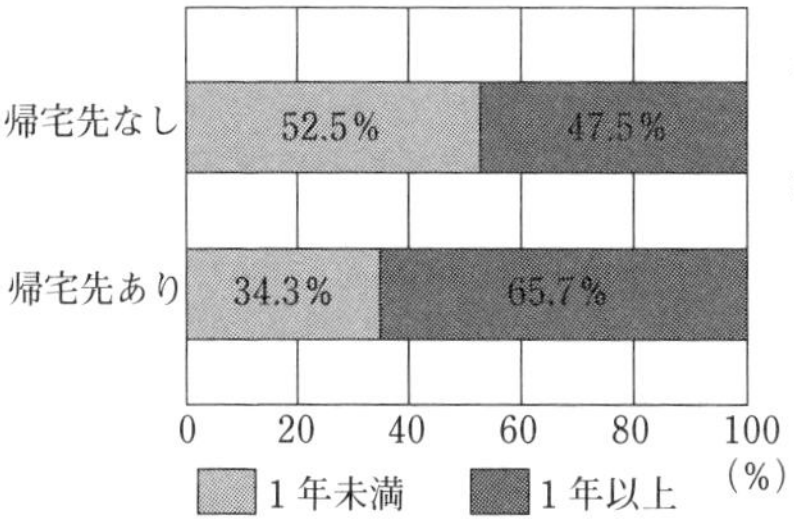

注　法務省「矯正統計年報」による

表 2-3 仮釈放者等の保護観察期間終了時点の職の有無と再犯率

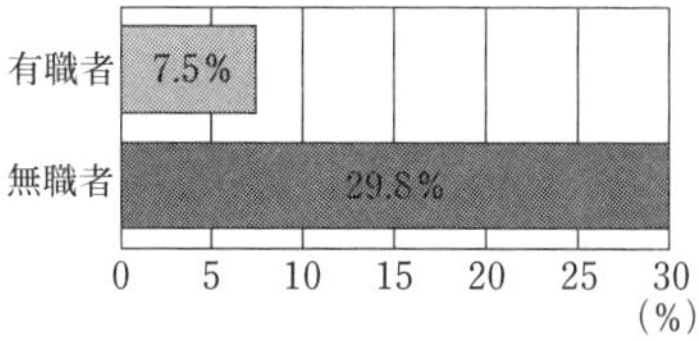

注　法務省「保護統計年報」による

終的に保護観察終了時点で自活にまでもっていくことである。

だから、仮釈放を得られずに満期出所となるケースは、すでに失敗例と言える（第一章・表1—3—1、1—3—2「仮釈放者と満期釈放者の再犯率」）。

また、そもそも、判決段階で長期の刑を言い渡すのは、はじめから、この構想から外れてしまうのである。

下世話な言い方をすれば、犯罪者が社会に出て来てからは、何はともあれ、またやらないでもらうしかない。国が意図しているのは、ひたすら再犯防止であり、そのためには、衣食住の「住」をはじめ、生活の手立てを得るための相当な配慮をしている。

仮釈放後、帰る場所がなければ更生保護施設（「保護会」）が面倒を見るし、場合によっては、就労のあっせんもおこなう。そのための協力雇用主も一定程度確保している（表2—1—1「仮釈放者の居住状況〈更生保護施設居住者の割合、全〉」、表2—1—2「同〈殺人、傷害致死、強盗、強姦、放火〉」）。

そうするのは、出所後、帰る場所があるのとないのでは、はっきりと再犯に差が出るからである（表2—2「出所者の帰宅先の有無と再犯期間」)。また、仮釈放後、職があるのとないのでは、雲泥の差があるからである(表2―3「仮釈放者等の保護観察期間終了時点の職の有無と再犯率」)。

有り体に言えば、それは、「居場所も確保するし、生活の糧もできるだけのことはします」という、かなり及び腰の再犯防止なのである。

日本国家が想定している犯罪者の「更生」とは、人間的な内面の苦悩やそこからの再生などを言うものでは決してない。ただただ、物理的に再度犯行を犯さないでいてもらうことに尽きる。

「共苦」と「応答」という市民の責任

このような日本型刑罰システムの下では、「更生」自体が、かなり安直なものになりがちである。更生した出所者の具体例として引き合いに出した二番目の元やくざの男性の発言は、「更生」をめぐる現状をよく表わしている。

「更生ですか? 正直いって自分には、まだその言葉がピンとこないんです。……現実感がないんです。むしろ、教育は出所後に役立つ職業選択とか求人情報の紹介など、出所してすぐに役立つことをやってもらいたいです」

犯罪被害者が加害者に対して求めているのは、もっとずっと深いことだろう。

犯罪者が自分のしでかしたことに人間としてどう向き合い、どのように内省を深めたか。被害者の苦悩をどこまで自分の苦悩としたか。そして、そこから新たな人間存在としてどこまで再生し得たか。それらを問い、その証しを求めているに違いない。

だから、日本型刑罰システムは、基本的に言って、犯罪被害者の心情に応えられるようなものになっていないと言える。日本型刑罰システムも、犯罪者の更生を問題にするが、それは、即物的に再犯を防止することであり、犯罪被害者が求めるような内面的な深い人間的営為ではない。日本の場合、「更生」とは、国家の思惑に基づくかなり政策的な意味合いのものであり、かつ、生活の立て直しとほぼ同義の浅薄な事柄でしかない。

このような状況のもとで、刑事裁判が制度改革されて抜本的に変わり、裁判員制度が始まった。そこでは、「市民感覚を刑事裁判に生かす」というのが公式スローガンになっている。市民が参加することで、従来の官僚司法的発想を脱し、被害者や被告人と同じ目線で犯罪現象をとらえ、人間的な感情を共有したうえでの血の通った裁判が構想されている。

一言で言えば、共感と応答による裁きが予定されていると言えるだろう。

アダム・スミスが言うような「共感能力」を背景とした市民の「共苦」の心情が重要視される。もちろん、その場合に共感の対象となるのは、被害者ばかりではなく、被告人の心情なども含むが、「被害に遭ったのは、もしかしたら自分であり、自分の家族だったかもしれない」という被害者への共感は、「共苦」という強い感情を伴うに違いない。

そして、最終的には、それを「他者への応答」という形に昇華するのが、市民代表の責任であり、裁判倫理の在り方になる。同時に、そのことが、犯罪による被害を社会にとって意味あるものとして位置づけ、事件を風化させないことになるだろう。

犯罪被害者支援運動のゆくえ

日本でも、前世紀末ころから、「安全神話の崩壊」が言われ始め、犯罪不安症候群とも言うべき社会不安が生じた。

それは、いわば体感治安の問題であり、実際には、治安は悪くなっていなかったことが、その後、多くの犯罪学者により統計学的に示された。一九九五年以降現在までの推移を見ると、世紀の変わり目までは、犯罪認知件数は増え続け、検挙率も落ち続けたが、二〇〇一年を底に、犯罪認知件数は反転し、昭和の終わりの水準まで戻している。検挙率も暫時改善している（表2―4「刑法犯認知件数、検挙人数、検挙率の推移」）。

後から振り返って見れば、国民意識に基づくイメージの次元の出来事だったと言える。

それでも、厳罰化に向けての社会的動きには注目すべきものがあった。

二〇〇〇年には、少年犯罪で子どもを亡くした家族が作る「少年犯罪被害当事者の会」の訴えが契機となって、少年法が改正され、二〇〇一年には、やはり幼い子供たちを悲惨な交通事故で失った被害者遺族の訴えが実を結んで、危険運転致死傷罪が導入された。そして、二〇〇四年には、重罪の法定刑の引き上げを中心とする刑法の全面刑罰改正が行われた。

犯罪被害者たちのあまりに正当な訴えは、法制度（犯罪被害者の刑事裁判参加制度等）や社会制度（犯罪被害者給付金の拡充等）を動かしただけではなく、報道を変え、市民の意識まで変えたと

表 2-4 刑法犯認知件数、検挙人数、検挙率の推移

(昭和21〈1946〉年〜平成25〈2013〉年)

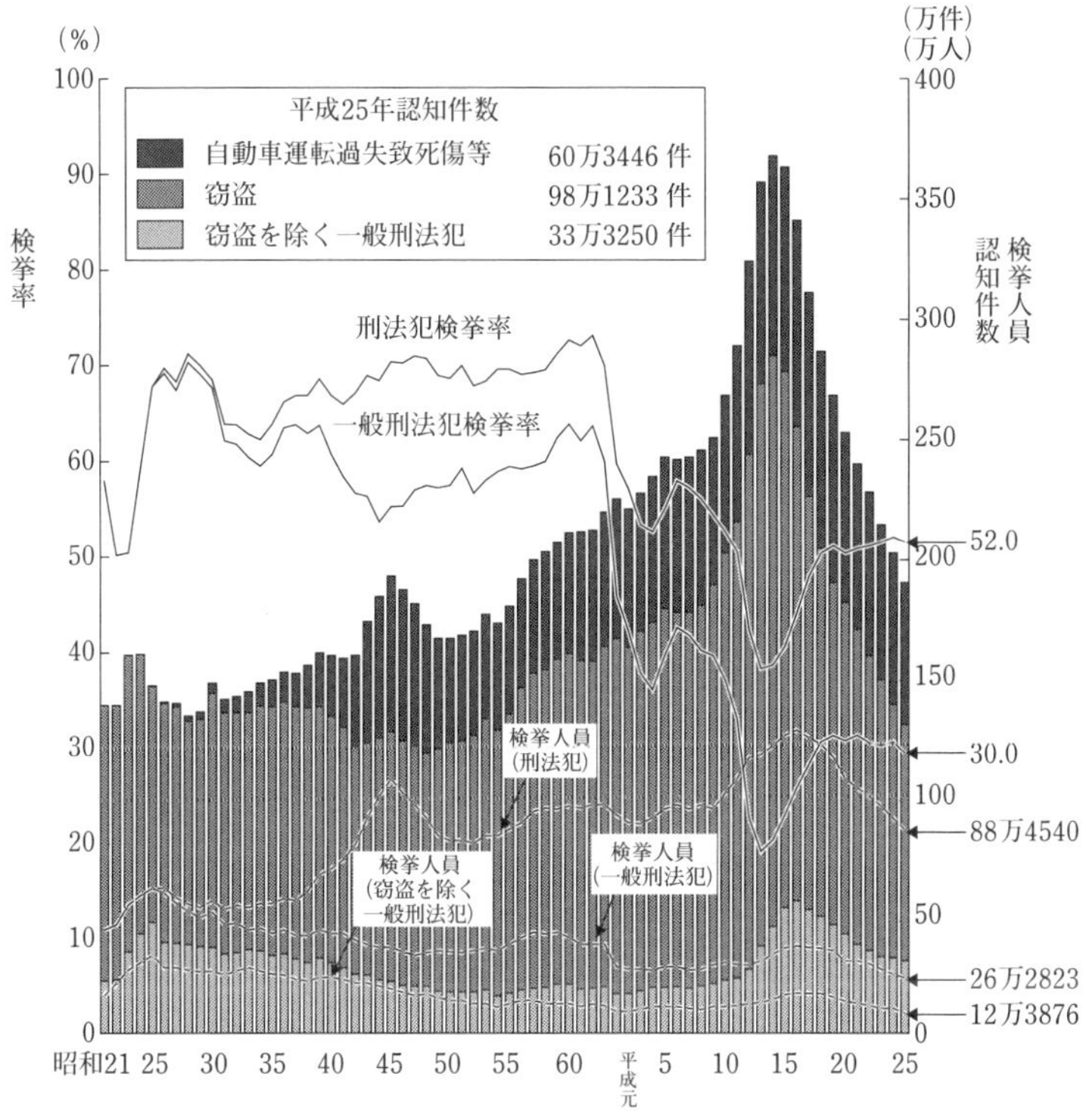

注 1 警察庁の統計による
2 昭和30（1955）年以前は、14歳未満の少年による触法行為を含む
3 昭和40（1965）年以前の一般刑法犯は、業過を除く刑法犯である

言える。

朝日新聞の記者は、それを「犯罪被害者の発見」と表現している（高橋シズヱ・河原理子『犯罪被害者が報道を変える』岩波書店）。

つまり、犯罪被害者の訴えがあらためて社会の注目を集めることになり、様々な分野で地殻変動をもたらした。二〇〇〇年以降、新たな日本の社会面でのパラダイムとなった感がある。

犯罪被害者たちの正当すぎる訴えは、人々の心に響き、法廷の場にも変容を迫っている。肉親を殺された被害者遺族が、自分の妻や子の命に報いる社会であるべきだと求めるのは当然のことだろう。また、将来の日本は、同じ悲劇を繰り返させない社会であってほしいと願うのも自然なことである。被害者支援運動は、法廷をそのための公証の場としようとするに違いない。

厳罰主義の背理

ところが、犯罪被害者の心情に「共苦」の気持ちで同調し、市民としてそれに十分に応えればよいかと言えば、そう単純にはいかない。それが裁き手の責任を果たすことだというストレートな理解には、実は、少なからぬ問題がある。

日本国民は、ともかく、巨視的に見れば、高度経済成長期から現在まで「寛大な刑罰システム＝治安水準の確保」という現実の中にいる。いっときの「安全神話の崩壊」「治安悪化」「犯罪不安社会」等々の誇大イメージが拭い去られ、安全・安心への強迫神経症的パニックも一段落した今、それは何人も否定できない客観的事実である。二〇一三年には、戦後初めて殺人事件（認知件数）が年間一〇〇〇件を下回り、大きな話題となった。

もちろん、「寛大な刑罰システム＝治安水準の確保」という論理必然的な関係はないが、その現実を敢えて動かす必要性もない。

また、よく誤解されているように「厳罰システム＝治安水準の確保」というつながりは、実のところ、全くない。それは、一般的感覚に反して、少しも保証されていないばかりか、「刑務所の逆説」「監獄の失敗」によって、往々にして逆の効果をもたらす。アメリカで一九八〇年代から始まった厳罰化キャンペーン「法と秩序」運動は、刑務所の過剰収容を生み、一般市民の税金負担を増大させただけで終わった。アメリカの刑事司法予算は破産状態にあると言われている。

近年では、アメリカでも、厳罰主義は効果がないばかりか、かえって再犯率を上昇させるとの研究結果が出されているほどである（マーク・リプヤイなど）。

裁判員のトレード・オフ

「経済は生き物」と言われるのと同じように、一国の刑罰システムも生き物であり、裁判官も裁判員もその大きなシステムの中にいる。もし、ここで、従来型の「犯罪者に寛大な日本型刑罰システム」を大きく動かした場合、現在のような日本の治安水準は維持されないかもしれない。

また、刑事裁判の量刑の場で思いついたように寛州主義を厳罰主義に変えても、かえって、法治国家全体の在り方がむなしく空中分解してしまうおそれがある。不起訴で終了する残りの約六割、略式命令で終了するものを含めると約八割、さらには正式裁判で罰金や執行猶予で終了するものを含めるならば、約九八パーセントとの整合性が失われるからである。

すでに見たとおり、日本型刑罰システムにおける犯罪者の「更生」とは、即物的な再犯防止にすぎないし、そこには国家的な思惑も隠されている。けれども、あらためてよく考えてみれば、これは、同時に切実な社会的要請にほかならない。犯罪者に「社会に出て来てから、またやらないでもらう」というのは、間違いなく、われわれ自身の要求でもある。われわれが、自分や家族やその他親しい人のために、どうしても考えざるを得ない事柄である。いったん社会復帰した受刑者の再犯問題は、社会にとって大きなリスク要因になっている。

死刑でない以上は、いずれ、犯罪者が社会復帰する時が来る。その時、われわれは、マブチモーター社長宅殺人放火事件の犯人のような隣人を抱え込むわけにはいかない。

以上から、犯罪被害者の心情に応えることと、われわれの安全との間には、一種のトレード・オフの関係があることがわかるだろう。少なくとも、非常に微妙なものを含む。

裁判員は、犯罪被害者の心情に寄り添い、「共苦」の気持ちで反応すべきだとしても、それをそのまま量刑の結論に持ち込めばよいというものではない。問題はずっと複雑であり、強い感情を伴う「共苦」をどの程度結論に反映すべきか、そのさじ加減が問われることになる。裁判員は、社会の代表として、犯罪被害者に対する応答責任を果たさなければならないが、その応答の仕方が問われるわけである。

犯罪被害者たちの「被害に報いる社会であってほしい」という願いは、あまりに正当な、正当すぎる訴えであるが、結局のところ、厳罰主義的傾向を求めることにならざるを得ないだろう。

あるいは、体感治安への危機意識を駆り立てる形にならざるを得ない。

しかし、単純な厳罰化は、直感に反して、われわれ自身を脅かしかねないのである。角《つの》を矯《た》めて牛を殺すことにもなりかねない。

裁判員裁判は重罪事件を対象とするが、日本の刑罰システム全体から見れば、ごく一部分にすぎない。大きな地下の刑罰システムが地表に顔を出した、そのほんの一部を扱うことになる。もちろん、それは重罪を扱う分、重大な作用ではあることは疑いないが、大きなシステムの一部を扱ってシステム全体に影響を及ぼすことになるわけであり、それだけ微妙で複雑な作用とならざるを得ない。また、日本の刑罰システム全体を見渡すだけの視野が不可欠となる。

今、刑法の全面改正などを踏まえ、時代のベクトルが厳罰化に向いていることは否定できない。このような社会情勢や最近の経済状況のもとで、裁判において言い渡すべき適切な科刑はいかなるものになるのか。

第三章

裁判の結論としての自由刑の数字

表3-1 最近の通常第一審の刑罰

罪名	終局総人員	終局区分																上訴
		有罪									無罪	免訴	公訴棄却		管轄違い	取下げ	移送その他	
		総数	死刑	無期（懲・禁）	有期懲役	有期禁錮	罰金	拘留	科料	刑の免除			判決	決定				
総数	5万2502	5万1389	2	23	4万7035	3070	1259	-	-	-	109	-	2	117	1	4	880	6025
刑法犯総数	3万1551	3万0738	2	22	2万7011	2957	746	-	-	-	74	-	2	57	-	2	678	3585

自由刑とは何か

冒頭でも明らかにしたように、本書は、日本の刑罰システムを俯瞰し、その本質を考察することを目的とする。

そのため、本書の対象は、自由刑、なかんずく有期刑の刑罰領域になる。死刑や無期刑のケースは全体に占める数が少なく、日本の刑事裁判全般を俯瞰するうえでは適切でない。死刑と無期刑を合わせても、刑事裁判の全体（正式裁判で刑が宣告される事件）の中に占める割合は、〇・一パーセントにも満たない（表3—1「最近の通常第一審の刑罰」）。

日本型刑罰システムにおいては、罪を犯しても、検察に公判請求されて正式の刑事裁判を受けさせられる者が少ないことはすでに述べた。上記の割合は、この少ない者の中において、さらに〇・一パーセントにも満たないということである。

もちろん、無期刑との関係を含む死刑問題（「極刑問題」）は、質的には重大極まりない事柄である。が、本書では、パースペクティヴ（分析の観点）の普遍性・一般性・遠望性を確保するために、量の点を重視せざるを得ない。また、極刑問題については、すでに何冊も本を書いていることもあり（ちくま新書『死刑肯定論』、講談社現代新書『死刑と正義』、講談社『司法殺人』、幻冬舎新書『なぜ日本人は世界の中で死刑を是とするのか』等）、ここでは、対象設定から除外する。

本書で主に念頭に置いているのは、有期自由刑の中でも、懲役三〇年とか二五年などという長期ではなくて、比較的短期の場合になる。判決で「懲役五年」とか、「懲役一〇年」などとされ、刑期を定められて刑務所へ入れられる領域である。あるいは、それら（「実刑」）と執行猶予が付く場合との境界領域である。

なぜ、そうなるかは、日本型刑罰システムのことを思い起こしていただければ、およそ見当がつくのではないかと思う。

その理由を端的に示す統計がある。殺人罪でも、受刑者の平均刑期は七年程度となっている（表3―2「平均刑期、平均仮釈放期間（罪名別）」）。現在は、平成一六年の刑法改正を反映して、もう少し長くなっているはずであるが、いずれにせよ、平均は、そのぐらいなのである。

懲役刑や禁錮刑は、一般に、自由刑と呼ばれる。自由刑という呼び名は、自由をはく奪する刑という意味であり、前近代的な刑罰である身体刑（＝身体毀損刑）と対比的に用いられる。以下で焦点を当てるのは、自由刑のうちの懲役刑になる（禁錮刑は自由刑の中では非常に少ない）。

要するに、裁判所が法廷で「被告人を懲役〇年に処す」などと言い渡す領域を取り上げる。

表3-2 平均刑期、平均仮釈放期間〈罪名別〉

〈平成8（1996）年〜17（2005）年の累計〉

区分	総数	殺人	強盗	放火	強姦	詐欺	覚せい剤取締法	強制わいせつ	窃盗	傷害	暴行
平均仮釈放期間	5月	1年2月	9月	8月	7月	5月	5月	5月	5月	4月	3月
平均刑期	2年1月	6年11月	3年10月	3年9月	3年5月	1年10月	2年3月	2年2月	2年	1年6月	11月

注1 法務省大臣官房司法法制部の資料による
2 「強盗」は、強盗致死傷及び強盗強姦・同致死を除く
3 「傷害」は、同致死を除く
4 平均仮釈放期間及び平均刑期の算出に当たっては無期刑を除いている

裁判の結論「懲役○年」の奇妙な違和感

刑事裁判において、法と裁判を司る側は、法壇の上から、もっともらしい顔をして「懲役○年に処すのが相当である」などと結論づける。

しかし、そこで示された「懲役○年」の数字が「腑に落ちる」という人は、どれだけいることか。また、あたかも、それが必然の帰結のように言われることについては、多くの人が違和感を覚えるのではないか。いや、本当は、誰も、それを「相当」などとは思っていないのではないか。

たとえば、殺人の罪で懲役一〇年に処する判決が言い渡されたとする。なぜ、それは懲役九年ではないのか、あるいは一一年ではないのか。また、八年ではいけないのか。一二年では重すぎるのか。一五年ではどうなのか。

刑を宣告される被告人も、裁判に救済を求めた被害者の側も、判決を報道するマスコミも、報

道に接した世間の人々も、「懲役何年が相当」などとは決して言えないことを薄々感じているのではないかと思われる。

そして、その疑問を口に出さないのは、それを問わないのが社会の約束事だとみなしているからだろう。あるいは、無意識のうちに、それを問うても無駄だと感じ取り、あきらめているのかもしれない。

不都合な根本的問い

この「懲役〇年」に関する、いわく言い難い微妙な違和感は、刑事裁判の本質にかかわる根本的な問いでもある。

そこには、法と裁判の不都合な真実が隠されている。

刑事裁判の結論は、死刑や無期懲役、あるいは無罪を除けば、数字で表される。数字でしか表せられない。したがって、法廷で繰り広げられる刑事責任についての様々な議論は、最終的に数字に結びつけられなければ意味がない。もし、その数字への変換の道筋がないならば、いくら、結論に至るまでに、「罪と罰」について思考をめぐらしても無益であり、無駄である。ところが、実際、刑事裁判では、実質的な議論を懲役数字に結びつける原理らしきものが何も存在しない。

他方、圧倒的多数の裁判では、有期懲役の範囲で量刑がおこなわれる。この点について、もう少し詳しく日本の刑事裁判の実情を言うと、次のようになっている。

死刑や無期懲役のような重罰が科される事件は、既出のように、数の上では極めて少なく、全体の〇・一パーセント程度である。また、被告人が無罪を主張する事件は、全体の一〇パーセント弱である。大多数の事件では、被告人も罪を認めていて、事実関係には争いがなく、有期懲役の範囲で刑の量定をおこなう。懲役何年という数字を決めることがテーマとなる。

つまり、約九〇パーセントの裁判では、実質的な判断事項は、懲役何年という数字を決めることであり、かつ、その点のみなのである。裁判の内実がそれに尽きるとすれば、そのような営みに何か意味らしきものがあると言えるのか。

誰も答えられない量刑数字の根拠

もちろん、裁判では、被告人の更生の可能性、犯罪被害の深度、被害感情の尊重などについての実質的な議論が、正義論をはじめとする様々な角度から行われる。

量刑において考慮される諸事項（「量刑事実」）の範囲は、極めて広い。一般に、重要な量刑事実として挙げられるのは、①結果の重大性、②犯行の動機、③犯行の方法、態様、手口、④被害者の落ち度の有無、⑤犯行後の自首の有無、⑥被告人の年齢、精神的成熟度、成育環境、⑦反省の態度、⑧被害者側の処罰感情の強弱、被害弁償の有無、⑨前科などである（①〜⑤は犯情、⑥〜⑨は一般情状と呼ばれる）。

さらに、これらに限らず、被告人の経歴や性格、現在の家庭状況や経済状況、社会的制裁（懲戒解雇など）を受けているかどうか、果ては、社会的影響（世論、マスコミの反応）の程度までが対象となる。

そして、検討の観点は、正義論や倫理学的観点に始まり、社会学的な考察、心理学的・精神医学的観点まで含む。

結局、刑事裁判では、それぞれの事件について、上記の事情をすべて拾い上げてあらゆる角度から検討し、さらには、それらを総合的に評価しなければならないとされている。

しかし、結論を決める最後の場面で、それらの議論を数字化できる原理が何もないとすれば、すべてが水泡に帰する。極論すれば、量刑に関する議論は見せかけか、せいぜい気休めで、「ガラガラ、ポン」で結論をテキトーに決めているに等しい――そういう疑いがどうしても払拭できない。

著しく幅の広い日本の法定刑

ところで、どのような刑になるかという議論をするとき、問題となるのは、まずは法定刑である。

法定刑とは、刑法に定められた各罪の刑であり、われわれは、それだけは無条件で前提とできるし、また、そうしなければならない。法定刑は立法による民意そのものであり、民主主義原理のもとに正当化される。

したがって、極端な話、もし、殺人の法定刑が唯一、死刑と定められていたとすれば、量刑の余地はないとともに、同時に量刑の悩みもなくなる。

今の日本でも、これに近い犯罪分野がある。日本の刑法では、強盗殺人や強盗致死は「死刑又は無期懲役」と定められている。このような場合には、原則的に、死刑か無期懲役かの選択となるから、その判断は重い判断ではあっても、つかみどころのなさからはのがれられている。いわば、質的に苦しい判断ではあっても、茫洋とした量の中で定点を求めて苦しむというのではない。テキトーに結論を決めざるを得ないという「無意味さの苦悩」は全くない。

ここで、強盗殺人や強盗致死では、原則的に死刑か無期懲役かの選択となると言ったのは、法定刑は絶対ではなく、①法律上の減軽や、②酌量減軽によって、刑を下げることができるからである。①法律上の減軽には、未遂の場合の未遂減軽や、責任能力にかかわる心神耗弱《こうじゃく》減軽などがある。②酌量減軽とは、いま見たような法定の減軽事由がなくとも、特別に酌量すべき事情があれば、刑を下げられるという制度である。

だから、強盗殺人や強盗致死の場合にも、やはり、量刑数字が問題となる余地はある。が、それでも大きな手掛かりは存在することになる。仮に酌量減軽するとしても、自ずと刑の幅が決まってくる。無期懲役から酌量減軽する場合、刑の下限は懲役七年まで落とせることになっているが、いくら酌量すべき事由があると言っても、強盗殺人や強盗致死の刑ともなれば、無期懲役に近いところ、言い換えれば、有期懲役の上限（懲役二〇年）あたりにならざるを得ないだろう。このような共通理解が得られやすい。

ところが、以上のような刑の定め方は例外的で、日本の刑法では、多くの罪の法定刑は、むしろ、茫漠たる定め方になっている。

たとえば、殺人罪は、懲役五年から死刑の間となっている（刑法一九九条「死刑又は無期若しくは五年以上の懲役」)。現住建造物放火罪も同じである。通貨偽造罪は、懲役三年から無期懲役の間となっている。傷害致死罪は、懲役三年から懲役二〇年の間となっている。危険運転致死罪に至っては、懲役一年から懲役二〇年の間となっている。

量刑数字のつかみどころのなさに、もろに直面することになるのである。

さらに、日本の法定刑については、次の点からも、極めて限定要素に乏しいということが言える。

すでに述べたように、別途、法律上の減軽(未遂減軽など)が規定されているところから、その下限は既遂についてのものである。たとえば、殺人罪の下限は懲役五年であるが、これは未遂などを念頭に置いているわけではなく、紛れもなく、人一人の生命を奪った場合のことである。

他方、刑の加重事由として、これまた別途に、併合罪加重(複数犯罪による加重)、累犯加重(最近の前科による加重)が規定されており、ここから、法廷刑の上限は、単体犯罪で、かつ最近における前科がない場合を念頭に置いたものになる。たとえば、先ほど述べたように傷害致死罪の上限は懲役二〇年となっているが、これは傷害致死を複数回繰り返すような粗暴犯を念頭に置いているわけではなく、そのような典型的粗暴犯であれば、刑の上限はさらに上がって懲役三〇年となる(上記の加重修正)。

要は、法定刑は、単体犯罪の既遂について、加重・減軽の特別の事情のない場合について規定しており、それにもかかわらず、幅が広すぎて茫漠たるものになっている。

茫漠たる量刑の枠組みと先例主義

のみならず、日本の場合、法定刑自体が必ずしも合理的でない。

たとえば、既に出てきたように、殺人罪と現住建造物放火罪の法定刑は同じであるが（「死刑又は無期若しくは五年以上の懲役」）、殺人と放火の刑の重さを等値とする例は諸外国にはあまりない。のみならず、この等値関係さえも、平成一六年の刑法改正で殺人罪の法定刑の下限が懲役三年から懲役五年に引き上げられた結果であって、それまでは、日本では殺人よりも現住建造物放火の方が重かったのである。

また、現住建造物放火罪には死刑が定められているが、同罪は現住建造物に火を放って焼いただけで成立し、焼死者が出たことは要件とされていない。言い換えれば、一人も焼死者が出なかったとしても死刑にすることを念頭に置いたものと理解せざるを得ず、合理性が大いに疑わしい（放火と似た犯罪類型にガス電気等漏出罪〈刑法一一八条〉があるが、そこでは「ガス、電気……を漏出させ、流出させ……よって人を死傷させた者は、傷害の罪と比較して、重い刑により処断する」としており、死傷者が出た場合をとくに重くしている。死傷者が出た場合のガス電気等漏出行為の危険性とそうでない場合の危険性を区別しているわけであるが、現住建造物放火罪では、敢えてこのような定め方をしていない）。

他の罪の法定刑についても、次のような問題ないしは不明点がある。

第一に、殺人罪、傷害致死罪、傷害罪の各法定刑の関係が分明でない。

これらは、それぞれ、殺人罪＝「懲役五年〜二〇年、無期懲役、死刑」、傷害致死罪＝「懲役三年〜二〇年」、傷害罪＝「懲役一月〜一五年、又は罰金一万円〜五〇万円」となっている。

一般通念的には、どう考えても、犯罪実体は、「殺人＞傷害致死＞傷害」であろう。

しかし、法定刑を見た場合、そういう結論（量刑）が取りにくくなっている。たとえば、単なる傷害罪でも懲役一五年に処せられることがあるとすると、殺人で一五年以下にするのは、人命軽視になりはしないかとの疑問が出てくる。同様の事柄は、傷害罪と傷害致死罪についても言える。

また、傷害致死の上限との兼ね合いでは、そもそも、殺人で無期懲役や死刑以外を選択することはできにくいようにも思える。

第二に、これらと強盗致傷罪の法定刑との関係である。

強盗致傷罪の法定刑は、「懲役六年〜二〇年、無期懲役」となっているのであるが、傷害致死罪の法定刑（「懲役三年〜二〇年」）と比べた場合、「致傷＞致死」（「逆転」）であり、いま述べたのとはまた別の意味で、人命軽視ではないかとの疑いが出てくる。

どのような刑になるかという量刑の議論をするとき、われわれは、法定刑を所与の前提とすることになるわけであるが、日本の場合、結局、そこからは何も適切な指針を見いだすことができない。

そのため、これまでの職業裁判官による裁判では、過去の判決例を踏襲する先例主義が取られていた。過去の事例のうちから類似したケースを調べだし、そこで取られた量刑数字を当の裁判でも結論の数字として流用してきたのである。

このやり方では、その過去のケースもまた先例主義で結論を決めていたわけであるから、結局、無限後退である。が、事件と数字の形式的、機械的な対応関係だけは見いだすことができた。そして、職業裁判官は、その対応関係の集合を「量刑相場」と称して、何か意義あることのように装っていた。

量刑相場の乱数表的無根拠性

先例主義は、無限後退の事なかれ主義とも言える。

これまでの裁判における実際の量刑数字の例を少しでも見れば、それが乱数表的状況になっていることが、すぐにわかる。「量刑相場」による数字は、次のごとき有り様である。

殺人事件で、酒乱の僧侶が深酒のうえ、通り魔的に往来で女性を二人刃物で続けざまに刺し、一人を死亡させ、もう一人に重傷を負わせた事件では、懲役七年だった（福岡高裁平成一〇年九月二八日判決）。

ネット・アイドルが起こした連続放火事件は、懲役一〇年だった（長野地裁松本支部平成一九年四月九日判決）。

外国人の女性に貢ぐために公社の職員が一四億円余を横領した事件は、懲役一四年だった（青森地裁平成一四年一二月一三日判決）。

強盗致傷事件で、対馬沖の密輸取引に関して金塊代金二億円の横取りを目論み、拳銃を用いた武装強盗を敢行して一億円を強奪した事件では、主犯の刑が懲役八年だった（福岡高裁昭和六一年九月一一日判決）。

傷害致死事件で、街頭で若者二人が毎日新聞の論説委員を殴ったり蹴ったりして内臓破裂で死亡させたケースでは、懲役二年六月だった（横浜地裁平成二年一月三〇日判決）。

懲役七年が言い渡された第一のケースでは、飲酒酩酊による責任能力が問題となった（心神耗弱と判断された）が、一人殺害、一人重傷という結果の重大性に比し、言い渡された刑の軽さが話題となった。

懲役一〇年が言い渡された第二のケースは、現住建造物放火罪を含む連続放火で、ネットの「くまえり」と称する若い女性が「偶然出合った火事」の模様を撮影してインターネットで流して話題になっていたところ、それが当人の放火だったことが判明して、さらに話題を呼んだ事件だった。

懲役一四年が言い渡された第三のケースは、巨額横領事件の一つで、青森県住宅供給公社経理担当の男性が飲食店勤務のチリ人の女性に大金を貢ぎ、発覚後、その女性がマスコミに「バカの人」と発言して話題となった事件だった。

懲役八年が言い渡された第四のケースは、アメリカでは無期懲役などの重罰が科される、いわゆる「武装強盗」の犯罪類型に当たる。このケースは、かねてから地元の噂で対馬沖が韓国との密輸取引の闇ルートになっているのではないかと囁かれていたところ、それが現実であったことがあからさまになって話題となった。

懲役二年六月が言い渡された第五のケースは、亡くなった被害者が毎日新聞の顔と言うべき著名な論説委員だったこともあり、新聞各紙が大きく報じた。当の論説委員もその場にあった鉄製のパイプを拾って振り回しており、裁判では「被害者の落ち度」が認定されたが、閑静な住宅街の駅前広場で衆人環視の中でおこなわれた二人がかりの傷害致死事件として話題となった。

ネット・アイドルの連続放火はなぜ懲役一〇年か

ここで、先例主義と量刑相場による数字の決定について、その舞台裏を覗いてみたい。以上のうち、懲役一〇年となった第二のケース、ネットの「くまえり」と自称する若い女性が起こした連続放火事件を例に取る。

ネットの「くまえり」は、諏訪地方の中学校の体育館を全焼させたり、アパートを半焼させたりして、九件連続で放火をくり返していた。

この事件では、犯人の女性には懲役一〇年が言い渡されたわけであるが、なぜ一〇年という数字になったのか。

それは、その直近に、NHK記者の八件連続放火事件で、懲役八年（大津地裁平成一九年一月二三日判決）、消防団員の一一件連続放火事件で、懲役一三年（宇都宮地裁栃木支部平成一三年一一月二七日判決）という先例があったからである。

（計算式）

①（懲役一三年マイナス懲役八年）÷（一一件マイナス八件）＝懲役一・六六年／件

②ネットの「くまえり」（八件＋一件）＝懲役八年＋一・六六＝懲役九・六六年≒懲役一〇年である。

なぜその数字になるのかという実質的根拠は、もちろん、どこにもない。ただ、「こうなっている」というだけのことである。始原は誰も知らない。理由も誰も知らない。

裁判員制度と最高裁「量刑検索システム」

現在、最高裁は、「量刑検索システム」なるものを裁判員に提供する「サービス」をおこなっている。裁判員となった市民が、職業裁判官を通じて、裁判所が作成・管理する「量刑検索システム」にアクセスできるようにして、裁判員裁判において過去の類似事例とその刑を容易に検索できるようにしている。

しかし、裁判員制度の導入によって、日本の刑事司法は、明治以来の官僚司法から新時代の市民裁判へと変わったはずである。従来と同じように先例主義と量刑相場で決めるなら、裁判員制度の意味はない。

最高裁「量刑検索システム」は、一応、裁判員裁判の実施時期（二〇〇九年夏以降）に合わせた時間的な区切りを入れている。集積データは二〇〇八年四月以降の判決に限っており、これによって、裁判員制度と連動したものであるかのような装いを取っている。また、当局は、「サービス」開始の理由に、裁判員の側の要望（があると推測されること）を挙げている。裁判員制度実施前に準備的におこなわれた模擬裁判において、模擬裁判員からそういう要望が挙がったという。

最高裁は、「頼るものは先例主義と量刑相場しかないのだ」と言わんばかりに、「量刑検索システム」を差し出しているわけである。

この状況は、一度レッドカードを出されたサッカー選手が、また、いつの間にかフィールドに紛れ込んでプレーしようとしているかのようである。

第四章

量刑相場とは何か

システムとしての量刑相場

量刑相場による決定は、基本的には、先例主義（＝過去の判決例の踏襲）と同じ事柄である。ただ、前者が後者と少し違うのは、量刑相場が検索システムの体系を成していて、過去の類似事例の調査がシステマティックにおこなわれることである。ニュアンス上、「検索」と「踏襲」の差がある。

次のようなイメージになる。

裁判所には、これまでの長年の裁判の歴史で集積されてきた膨大な判決例が存在する。それを母体情報としてデータベース化することは、さほど困難なことではない。かつては、カード式だったが、現在は、自然集積された判決例をプール情報に、検索方法をキーワード形式とする仕組みが構築されている。

そこでは、諸犯情や主要な一般情状がキーワード化によって網羅的にビルト・インされていて、瞬間的にＷＥＢ検索できる情報体系になっている。判例集の延長として、効率的な参照を可能にするソフトウエアがある。いわば、「量刑データベース」が存在するということである。

その結果、個々の事件の特徴的要素を抽出して、それをキーワードにして検索すれば、過去の類似するケースを全体のプール情報から即座に引き出すことができる。当該事件の特徴としてピックアップする要素を増やせば、クロス検索によって、精度はそれだけ上がる。これまでの判決例の集積は膨大なので、ほとんどの場合、検索の結果、酷似するケースが複数ヒットする。類似するケースが全く見当たらないということは、まずない。そのため、類似事件の量刑数字をそのまま使うことができた。

そうやって、日々生起する個々の事件について個々の刑が決められる。そして、その結果出された刑の数字は、再び、システムを通してデータベースに新規に付加される。その繰り返しである。

先例主義と相場感

量刑相場が、先例主義そのものと異なる点は、もう一つある。裁く者に相場感を生じ、その結果、一応の見通しができることである。

たとえば、私が裁判官に任官した当時（今から二十数年前）は、殺人の刑の相場は「懲役八年」などと言われていたし、平成一六年の刑法改正前には、「懲役一〇年」になっていた。刑法改正による法的刑の引き上げ後は、「懲役一二三年」辺りとなっている。これは、標準的な殺人は、だいたいのところ、そういう刑になるという中心的感覚のことであるが、これが職業裁判官にとって不可欠の要素だった。

なぜ、不可欠かと言えば、そういう感覚が全くないところで、量刑データベースの検索をしても、不安が残り、あるいは、やましい気持ちになるからである。また、データベースの「検索実行」で終わらせるだけであれば、機械と同じである。裁判官自身が、自分の存在価値を疑うことになりかねない。

と同時に、それは、量刑相場が有効な統一的システムとして作動することを保証するものでもあった。

ジャック・デリダは、社会システムとしての「構造」には必ず中心があると言い、何であれ一つの構造が有効なシステムとして成立するためには、中心となる特異点がなければならないと思想哲学的に分析した。その特異点とは、それ自体は必ずしも意味を持たないにせよ（「ゼロ記号」）、構造を形成することを可能にし、構造に統一性と有効性を与えるものである。有効に働くシステムには、ゼロ記号という要素が付加され、存在しているという（『差異とエクリチュール』）。デリダは、それを「代補《だいほ》」と呼ぶが、その具体例として、商品経済と貨幣、婚姻体系と近親相姦忌を挙げている。

上記の中心的感覚（「標準的な殺人は、こういう刑になるという感覚」）は、特異点、ゼロ記号に相当するわけである。逆に言えば、それが存在することによって、量刑相場は、何ほどか、単なる裁判情報の集積とは異なる意味合いを持っていたことになる。

量刑相場と裁判統計の違い

量刑相場は、統計とは異なる。

裁判の統計は、判決結果の集計であり、罪と罰の関係を示す分布状況ではあるが、機能する統一的なシステムとして成立しているわけではなく、その点で量刑相場とは区別される。

裁判統計資料で見た場合、裁判員制度開始前までの平成年間において、殺人罪の刑は、単純人

表4-1 殺人事件の量刑分布〈平成元年～21年〉

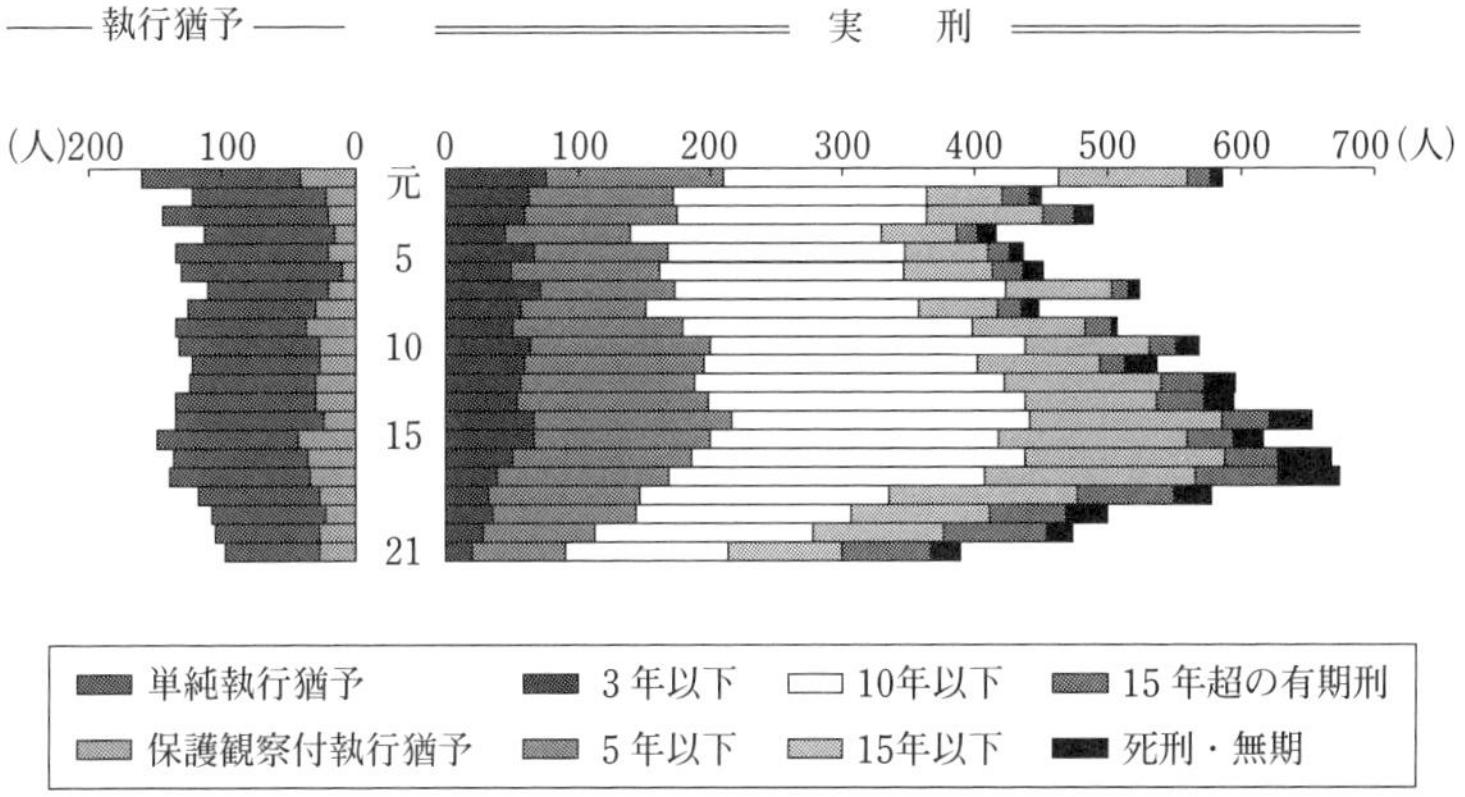

数割りで中間の人を割り出して、その値を見ると、懲役五年から八年の間を動いている（表4—1「殺人事件の量刑分布〈平成元年～21年〉」）。しかし、それが殺人の刑の相場というわけではない。

また、統計上は、いずれの年も、事件分布の点では、「執行猶予」の区分がかなり多く、同区分が刑期区分のうちで二番に多い事件分布になっている年が少なくない。

この現象が何を意味するかと言えば、現代日本で、殺人を犯したケースにおいては、多くの場合（未遂などを含め）、裁判でとくに斟酌すべき事情があったということにほかならない。言い換えれば、殺人を犯すには、多分に切羽詰った事情や苦しい背景があったということである。したがって、社会的には健全な現象と言える。

逆に言えば、統計から、殺人の「罪と罰」の標準像を読み取ることはできない。

「斟酌できる事情のある殺人」などではなくて、とくにそういった特別の事情のない殺人はどうなるのか。もっと言えば、斟酌できる事情もない代わりに、特段、冷酷非道とも言えない殺人があるはずである。その刑は、どうなっていたのか。

標準的殺人とは何か

一切の人間関係上、社会生活上の事柄とは無縁な殺人、いわば無色透明な殺人が考えられるとすれば、その刑を殺人の標準像とみなすことができるかもしれない。

このような「標準的殺人」に近いものとして、次のような実例がある。

駅で飛び込み自殺をしようとした被告人（女性）が、ホームに入ってくる電車に身を投げようとした瞬間、恐怖に襲われ、自分は飛び込まずに、近くにいた人をホームから突き落として死亡させたという出来事があり、これは懲役一二年となっている（さいたま地裁平成一八年一一月一六日判決）。

被告人はノイローゼで通院中の主婦で、自殺の意思が瞬間的に殺意にすり替わったような事件だった。

自分が自殺する代わりに赤の他人を突き落とすというのは、社会現象としては稀有の出来事であり、その意味では特殊であるが、反面、逆に殺人そのものとして見た場合、そこには、全く人間的葛藤のない殺人動機が存在し、それに基づく行動がそのまま現出している。つまり、偶々、無色透明な殺害行為とも言えるものが現れ出ている。われわれの社会生活の中で滅多に垣間見ることができない「殺人の標準形」とみることができる。

同じく、懲役一二年のケースには、次のようなものもある。

仕事をしていないことを母親になじられた長男が、さらに「おまえなど生まれてこなければよかった」などと言われて逆上し、思わず母親の首を両手で絞めて殺害、死体を川に遺棄した事件（札幌地裁平成一九年八月三一日判決）、母親と同居する独身の長女が、夜中目を覚ました際に、母親から虐待された一〇年あまり前の出来事をフラッシュバックのように思い出して、発作的に母親の首を電気コードで絞めて殺害し、死体を床下に遺棄した事件（名古屋地裁平成一七年三月二四日判決）などである。

これらのケースは、上記の「殺人の標準形」と比べると、多少なりとも色彩がある。ただ、日本の量刑相場上は、それに近いとされたわけである。

殺人の刑の相場とは

それらより懲役一年分だけ、刑が上がった事件を取り上げる。

会社員の中年男性が、居酒屋で他の客と口論の末、焼酎のビンで相手の頭を殴りつけ、血を流して立ち上がれなくなった相手を見て復讐されることを恐れるあまり、被害者を車で山中に運んで崖から落として死亡させたという事件では、懲役一三年となっている（千葉地裁平成一八年五月二三日判決）。この事件では、被告人は被害者を暴力団員と思い違いしていて、そのため、殺人にまで至ったという事情があった。

以上で見た懲役一二～一三年というのは、量刑数字としては、殺人罪の法定刑の有期懲役の中間にあたる（「懲役五年以上二〇年以下」→一二～一三年）。

さらに一年、刑が上がった事件を見る。

生活保護を受けて暮らしていた初老の女性が、大家から延滞家賃の支払いを督促されたのを恨み、夜間、その大家の家に忍び込んで大家本人を果物ナイフで刺殺したという事件では、懲役一四年となっている（水戸地裁平成一七年三月三一日判決）。この事件では、大家から延滞家賃の督促を受けるとともに、生活保護費を浪費して家賃を払わなかったことを町役場に報告すると言われていて、それが殺人の動機にかかわっていた。町役場に浪費の事実を告げられると生活保護が受けられなくなると思ったことによる。

さらに刑が上がって、懲役一五年のケースを見る。

六〇代の男性が、同じ六〇代の隣家の男性と自家用車の駐車方法をめぐってトラブルになり、口論がエスカレートして、車の中にあった包丁を持ち出して隣人男性を刺殺した事件（名古屋地裁平成二一年八月一〇日判決）や、無職の高齢者が市役所で生活保護を申請したところ、暗に拒否されたうえ、対応した職員に「申請書は自筆で書くように」と言われ、馬鹿にされたと思って立腹し、持っていた切り出しナイフでその職員を刺殺した事件（長崎地裁平成一七年一一月一一日判決）などが、懲役一五年の量刑例になる。

これらはほとんど知られていない事件であるが、世間的に知られた事件を見ると、次のようになっている。

都内文京区で発生した「お受験殺人事件」（子供を同じ幼稚園に通わせていた母親仲間の葛藤や対抗意識に起因して、相手の子供を絞殺して死体を遺棄したケース）では、懲役一五年（東京高裁平成一四年一一月二六日判決）、都内渋谷区で発生した「セレブ妻の夫バラバラ殺人事件」（外資系の投資会社に勤める夫と不仲となり、夫をワインの瓶で殴るなどして殺害し、バラバラにして遺棄したケース）でも、懲役一五年となっている（東京高裁平成二一年六月二二日判決）。

同じく渋谷で発生した「浪人中の兄による妹バラバラ殺人事件」（両親の留守中に、予備校生の兄が短大生の妹を絞殺し、死体をバラバラにして自宅内に隠し、それを母親が発見したケース）は、懲役一二年だった（最高裁平成二二年九月一六日判決）。

これらは、濃厚な人間的葛藤、あるいは継続的な精神史的背景を持つ殺人であるが、日本の量刑相場上は、懲役一二〜一五年とされたのである。

殺人量刑システムの検索方法

量刑相場の中における「標準的殺人」について見てきた。

このような中心（特異点ないしはゼロ記号）が存在していたことで、量刑相場は、単なる裁判情報の集積や統計とは区別される。しかし、せいぜい、それだけのことであったのも事実である。

量刑相場の原理は、言ってみれば、罪の値付けと言える。株式相場や先物相場と変わらない。市場で取引される商品の価格と同様に、犯罪という市場に司法が介入して罪の代償としての刑の数字を決める。株式相場や先物相場を張るときに相場勘がいやでも要求されるように、量刑相場では、殺人なら殺人の、強盗なら強盗の相場感が自然発生的に生じていたというにすぎない。また、実質は、所詮、データベースの「検索実行」の操作であり、それ以上ではなかった。どうにもならない浅薄さを免れなかった。

量刑相場による決定の仕組みを、もう少し具体的に見てみる。

たとえば、男女関係のもつれから殺人に至った事件で、平成一八年に仙台地裁で懲役一六年の判決が言い渡されたケースがあったが、事案の中身は、若者がコンビニでアルバイトしたときに同じアルバイトの女性に好意を抱き、交際を求めたが断られ、その女性を刺殺したという内容だった。その若者は、コンビニのバイトを辞めてからも、月に一、二度、そのコンビニを訪れて被害者と会話を交わしていたが、当日は、コンビニ店内で被害者に話しかけたところ、無視され、隠し持っていた果物ナイフで刺したという経緯だった。このようなケースでは、「殺人罪・量刑データベース」にかける主要検索語は「ストーカー」となる。

他方、やはり、男女関係のもつれから殺人に至った事件で、平成一三年に前橋地裁で懲役一〇年の判決が言い渡されたケースがあったが、事案の中身は、かつての不倫相手をつけ回し、待ち伏せしたり、脅迫電話をかけたりしたすえ、最後は、相手の女性に対して殺害予告をして、ガソリンをかけて焼き殺したという内容だった。この事件では、男からの脅迫に怯えた被害女性は、警察に駆け込んでいたが、警察では「民事不介入」でまともに取り合ってもらえず、二人の子供に「殺されるかもしれない。自分がいなくなっても強く生きるように」と言い残していた。男は、予告通り、ポリタンクを持って被害者宅にやってきて女性にガソリンをかけ、火を放った。そして、男自身も、その後に焼身自殺を図ったが、自分は火傷で済んだという事案だった。こちらの場合は、「ストーカー」とともに「心中」が主要検索語となる。犯人が犯行後に自殺を図っているからである。

量刑相場上、男女無理心中は殺人類型としては軽いとされているため、ストーカー的性格の強烈な後者の殺人事件の方が前者よりもかえって刑が軽くなるという次第である。

検索語がピックアップされ、データベースの「検索実行」で主要な作業は終わりである。そのため、事件の全体像をうまくつかめるとは限らないし、常識的感覚に合致するとも限らない（ただし、いま取り上げた二つの判決例は、その間に平成一六年の刑法改正による法定刑の引き上げが挟まっているため、実際の刑の重さには数字ほどの開きはない）。

微妙な男女心中の意図

量刑相場上、男女関係で「心中」が検索語となると軽くなってしまうことについては、次のような実例もある。

中年男性と元風俗嬢の愛人との間で起きた事件で、愛人女性が男性からの金銭的援助が途絶えたことに逆上し、不倫相手のところに包丁持って怒鳴りこみ、「家の前で死んでやる」と言って、自分は死なずに包丁で男を刺し殺したというケースだった。

この事件の被告人A子は、風俗業界で働いていたときに、客のVと知り合った。Vはそのころは羽振りがよく、A子はVから毎月五〇万円もの金銭を援助してもらう約束を取りつけ、親しい仲になった。A子は風俗店を辞め、全く働かなくなった。月に五〇万円をもらい、何不自由なく遊んで暮らすという生活が三年ほど続いた。

三年を過ぎると、Vの経済状態が苦しくなって、A子への手当は月二〇万円となり、次第にそれも困難となっていった。しかし、A子はもう働くことはせず、生活保護を受け、足りない分はVからもらって生活しようと考えた。家賃分はVが出すという約束をさせた。

しかし、やがて、それもできなくなる日が来た。約束の日にVが家賃を持ってこなかったことにA子は憤慨した。Vの家に電話をかけ、電話に出たVの妻に「私はVの内妻です。Vを出して」などと言い、Vの妻が二の句を継げないでいると、「早くVを出して。昨日お金を持ってくる約束をしていたのに持ってこない」「今からそっちに行きます。家の前で死んでやる。包丁で死ぬ」などと叫んだ。

驚いたVの妻は、夫婦の問題は後回しにして、Vに話して、ともかく、近くの公園でA子と会うことにさせた。そして、心配なので自分もついていくことにした。A子は、バッグに包丁を入れて公園に来た。Vとその妻が一緒にいるのを見ると、

「私の四年間をどうしてくれるんや」「約束はどうなった」

と大声を張り上げた。

Vは、「ウチのやつとも話し合って、もう清算するつもりで来た」と話した。

すると、突然、A子は、

「あんた、嫁さんのこと、おかめとかドブスとか言ったやろ」

などと言い出す。Vが、妻の手前、

「そんなこと言ったやろか」

と取り繕うと、Vの妻に向かって、

「おかめ、おかめ！　やーい。ドブス、ドブス！」

と連呼し始めた。あわてたVが、

「言うてへん。言うてへん」

と否定した。

そのVの態度に憤激したA子は、バッグから包丁を出すと、Vの首を突き刺した。Vは出血多量で死亡した。A子は、Vの首から血が噴き出たのを見て、自分の足を包丁で刺した。

この事件は、懲役九年だった（神戸地裁平成一五年一〇月二四日判決）。

心中とは、法的観点では、自分も死のうと思っているかどうかで、つまり、自殺意図の有無によってとらえられる。明らかに、ストーカーないしは腹いせ的な面が前面に出ていても、自殺意図があれば、心中と認めざるを得ない。

男女無理心中の場合は、広義の情愛関係とはいえ、多くの場合、それまでの複雑な人間関係が尾を引いており、また、様々な葛藤を含むだけに、「心中」の意味するところも微妙である。それは、量刑相場の「キーワード＝心中」＆「検索実行！」だけでは、到底とらえ切れない。

様々だった喧嘩殺人の刑

いわゆる喧嘩殺人は、社会学的に見ると、殺人の一つの顕著な類型をなしている。ところが、量刑相場上、その刑の分布は様々だった。

重い方の喧嘩殺人の典型例と軽い方の典型例を対比的に取り上げる。

最初は、「飲みすぎ喧嘩殺人」事件である。

この事件は、のんべえの間で延々酒を飲み続けるうちに起こった。

その日、Aは、午後六時ころから、Pと酒を飲み始めた。PはAの姉と付き合っている男で、顔なじみである。

二人は、居酒屋から始まって、蕎麦屋、おでん屋、焼鳥屋と、日付けが変わるまで飲み続ける。午前零時をかなり回って、焼鳥屋がカンバンになると、Aのアパートに二人で戻って、また飲んだ。

朝方まで飲み続けるうち、Aはさすがに眠くなってきた。

「なんば、寝とると」「寝るな。飲め」。

いつまで飲むのか、PはAを寝かせない。

うっとうしくなったAは姉のところに電話をかけて、「Pが来ているが帰らないで困っている」と告げる。Aの姉は、Pのケータイに電話して早く帰るように長々と注意し、文句を言った。

Pは電話ではAの姉に対して謝ったが、電話を切ると、Aをたたき起こし、

「わいが電話すっけんが、おいがやかましゅう言われたやっか。のぼすんな」

と怒鳴って顔面を殴りつけた。

そして、寝ぼけまなこで「何でおいば殴らんばと」と抗議するAを、かまわず胸倉をつかんで引き起こし、流しのところまで引きずって行った。

台所でも、Pは「殴ったけんなんや」と言いながらAを殴りつけようとする。AがPを流し台の方に突き飛ばすと、Pは、とうとう流し台の上にあったナイフを持ち出した。AとPはナイフを取り合ってもみ合い、台所のほうぼうに体をぶつけ合いながら争った。Aの手がナイフの刃で切れた。

最後には、Aが何とかナイフを奪い取る。そして、Aは、ナイフを奪い取った後、Pの胸や腹、首などを刺した。Pは死亡した。

この事件では、Aに対する判決は、懲役一三年だった（長崎地裁平成一八年九月二一日判決）。

次は、「飲み始め喧嘩殺人」事件である。

この事件は、居酒屋で唐突に起こった。

Bは大衆居酒屋で飲んでいた。カウンターで一杯やっていると、なぜか突然、背中に鋭い痛みが走った。驚いて立ち上がったのと、誰かが「Bさんが刺された」と言うのとが同時だった。振り向くと、後ろに、包丁を体の前に構えた小柄な人物が立っていた。前に一度、ここで諍《いさか》いを起こしたことのあるQだったが、今回は、全くもって、いきなりのことである。

「オレをなめるなよ」

Qは刃物を構えて震える声で叫ぶ。

刺されたBは、かまわず、Qの手首をつかんで押し返した。刃物で刺したQは、身長一五〇センチ、体重五五キロの貧弱な体格の初老の男だったが、刺されたBの方は、身長一八〇センチ、体重九〇キロの壮年の巨漢だったのである。

巨漢のBは小柄なQを出口のところまで押し返していった。その途中で、Bが包丁を奪い取り、包丁を振り回した。Bはめちゃくちゃに包丁を振り回したため、Qは、胸、首などを刺されて死亡した。

アッという間の出来事で、居酒屋のほかの客の証言でも、「Bさんが刺されたと思ったら、次に見た時には、刺した方のQが倒れていた」というような状況だった。

この事件では、裁判所はBに対して執行猶予付きの判決を言い渡した（大阪高裁平成九年八月二九日判決）。

このように結論が大きく分かれるのは、一応の法律上の理由があり、主として、過剰防衛が成立する否かによる。

後者のケースで裁判所が執行猶予を付けたのは、巨漢のBの反撃を防衛殺人とみたからである。正当防衛になり得るような行為と法的に評価し、ただ相手を死亡させているから、いきすぎであり、結局、過剰防衛とした。前者のケースでも、先に攻撃を仕掛けているのは被害者の方だったが、こちらは過剰防衛にもならないとされた。

過剰防衛が認められるかどうかは、実に微妙なわけである。この点については、後にあらためて論ずることとして、ここで指摘したいのは、量刑相場の「検索実行！」の結果、結論が天と地ほども違うことである。どちらかが全体的視野を見失っているのではないかとの疑念を生ずる。

あまりに軽い強盗傷人の刑

このような量刑相場の弊害は、強盗、放火、性犯罪……その他の量刑相場でも変わらない。ここでは、殺人と並ぶ凶悪犯罪とされている強盗を取り上げる。

強盗致傷については、すでに、拳銃を用いた武装強盗で金塊代金一億円を強奪した事件でも、主犯の刑が懲役八年にすぎないことを見たが、強盗致傷の量刑相場自体が、異様に低く設定されている。次のような強盗傷人事件がある（なお、強盗傷人とは、強盗致傷の中でも相手の傷害について故意がある場合を指す）。

A子は、実にアッケラカンとした性格の悪女だった。事業をやっている夫との仲も別に悪いわけではなかったが、愛人をつくった。愛人の男（B）のことも、格別どうというほどのことでもなく、真剣に考えているわけではなかった。ただ、この際、仕事であまり家に帰ってこない夫を亡き者にして、その死亡保険金で暮らした方が「いいかも」と何となく思うようになった。

軽いノリで愛人のBに夫を殺害するよう持ちかけた。

「なあ、最近ウチのがなぁ、ウザイねん。自分はあんまり家にも帰らんくせに、ウチにばっかりうるさいこと言うてなあ。もう、うっとうしいなってん。殺《や》ってくれはるか」

Bは驚いた。しかし、本気のようだと知ると、金に困っていたBは、生命保険金五千万円を山分けするという約束でこれを承諾した。

けれども、Bはいったんは承諾したものの、一人でよくよく考えてみると、A子のような軽いノリで人を殺せるはずもない。A子の夫がどういう人間かよくは知らないが、自分にはとてもそんなことはできないと翻意する。ただ、金には心底困っている。事業をやっているA子の夫なら日頃からかなりの現金を持ち歩いているはずと考え、殺害ではなく所持金を奪うことを思いつく。Bは A子に、打ち合わせのとおりにA子の夫を襲撃することと、その際、どうせなら現金も取りたいと告げる。殺害を翻意したことは伏せたまま。

「そりゃ、ええ。ウチのは、いつも、三〇、四〇万は持ってはるから。ベルサーチの財布と、ヴィトンの財布になあ。二つあるからな、二つとも取るんやよ。あとな、ウチにもその分け前を渡さんとあかんよ」

Bは A子の手引きで、A子の夫が自宅に帰ってきた時を狙って、バットで襲撃した。しかし、A子の夫は、金融関係の仕事をしている逞しい男である。Bの襲撃にもひるまず、ケガを負いながらも立ち向かい、逆にBを取り押さえてしまった。

この事件の公判では、Bは素直に罪を認めたが、A子は無罪を主張した。「自分が企てたのは保険金殺人。だから、強盗致傷はあずかり知らぬ」と申し立てたのである。

もちろん、このような抗弁が通るはずもなく、A子は強盗致傷罪の責任を負うとされた。しかし、A子に言い渡された刑は、懲役三年八月だった（神戸地裁平成一四年一二月一七日判決）。トンデモ悪女の強盗致傷事件であるにもかかわらず、法定刑の下限より遥かに軽い刑を選択した実例である。裁判所は、酌量減軽して、法定刑の下限を下げ、そのうえで、三年八月という数字を出した。

これが日本的な「罪と罰」の在り方だと言うなら、情けないものがある。言うまでもなく、事案の中身に、酌量減軽すべき事情が本当にあるわけではない。数字合わせをしているだけであり、量刑相場による裁判の空洞化である。

厳罰主義がよいかどうかは別であるが、それが裁判（＝裁き）である以上、最低限の本質論は堅持しなければならないはずである。

終わりなき量刑論の無根拠性

最高裁の「量刑検索システム」については、前述した。現在、最高裁は、裁判員となった市民が、裁判所で作成・管理する先例システムにアクセスできるようにしている。

この状況は、欺瞞的であると同時に、自由刑をめぐる問題の本質を象徴しているようにも思われる。

市民が先例主義と量刑相場にそのまま乗っかることは、新制度の自殺を意味しかねない。さりとて、それを拒絶するなら、ほかに量刑数字を決めるどのような仕組みがあるのか、量刑論の無根拠性に否応なしに突き当たる。あるいは、正義や倫理的な観点を「数字」に結びつける可能性が果たして存在するのか、量刑論の原理的困難性に直面しなければならないことになる。

現状は、より本質的態度が問われる司法的状況に立ち至っているとも言える。

前章の初めに、量刑数字の奇妙な違和感について触れた。刑事裁判の結論が無根拠に見えるという不可思議な現象であるが、これは何を意味し、何に由来するのか。次章以下では、近代の刑罰である自由刑の本質を探り、それによって、裁判員制度の量刑論に解決の糸口を見いだそうとする。

いや、これは、裁判員制度を越えた刑事裁判の意味自体にかかわる問題である。官僚司法か市民裁判か、職業裁判官制度か裁判員制度か、そのいずれにせよ、自由刑の量刑数字の決定原理を明かすことができなければ、九〇パーセントの刑事裁判が意味を持つこともないのである。

そのためには、量刑論の底なしの無根拠性に歩みを進め、自由刑の根源には何があるのかを見極めなければならない。

第五章

自由刑の系譜学

意外に新しい自由刑の起源

量刑数字が問題となるのは、自由刑についてである。もし、これが死刑や身体刑であれば、言うまでもなく、「数字」（量刑数字）につきまとう無根拠性は、はじめから問題とならない。

本章では、裁判の結論を数字で表すことの由来について、言い換えれば、「懲役〇年」という刑の定め方ついて、法制史でその起源を探る。

自由刑中心の刑罰体系は、現在では当然のこととされている（イスラム諸国や独裁国家は別として、他のほとんどの国々では疑いもなくそうである）。が、実は、それが始まったのは、さほど古いことではない。

ヨーロッパにおいてさえ、自由刑が刑罰の中心となるのは、一八世紀後半から一九世紀前半にかけてのことだった。それまでは、ハンムラビ法典以来、実に三五〇〇年以上もの長きにわたって、全く異なる刑罰体系が取られていた。つまり、身体刑中心の刑罰だったのである。

農耕文明が起こったのは、約五〇〇〇年前とされているから、人類史の中で身体刑中心の刑罰体系が、いかに長く続いたかがわかる。その刑罰体系とは、「死刑―身体刑―加辱刑《かじょく》（＝屈辱を加える刑）」の体系である。

より細かくは、身体刑は、切断刑（不具刑）と体刑（皮髪刑）に分かれ、前者には、手や耳の切断、鼻の削ぎ落とし、眼球の抉《えぐ》り出し、舌の引き抜き、断種（去勢）などがあり、後者には、笞《むち》打ち、烙印、頭髪剃落などがある。

なお、加辱刑には、晒《さら》し刑や侮辱行進などがあった。

かくの如き、現代の感覚からすると過酷としか思えない刑罰体系が、人類文明発祥以来、実に、長い、長い年月、続いたわけである。そして、一八世紀後半から一九世紀前半にかけて、一気に自由刑へと転換した。

ヨーロッパ近世の刑罰体系

試みに、ヨーロッパで、刑罰が自由刑中心に切り替わる直前の刑罰体系を見てみる。

西洋法制史においては、ローマ法とゲルマン法の二大系統があるが、双方の伝統と影響が色濃く存在したドイツ法制を取り上げる。

ドイツでは、種々の修正を受けながらも、一八世紀までカロリナ法典が通用していた（通称カロリナ法典、正式名称「カール五世刑事裁判令」は、一五三二年に成立した初の帝国統一刑事法典だった）。そこでは、切断刑として、指、手、耳、眼、舌の切断・剔出《てきしゅつ》が定められ、体刑として、笞《ち》刑《けい》が定められていた。

加辱刑としては、晒し刑があった。

もちろん死刑も定められていて、残虐死刑も含めて、四裂刑、車輪刑（重量車輪を用いた粉砕撲殺刑）、生き埋め刑、火刑（焚殺刑）、水没刑（溺殺刑）、斬首刑、絞首刑の七種があった。そのほか、追放と財産没収の刑があったが、自由刑は定められていなかった。

もちろん、現象としては、人々が強制的に身柄を拘束され、牢獄に入れられることはあった。

しかし、それは容疑者を拘束して裁判を受けさせるためであって、刑としてではなかった（現在で言うところの「未決拘留《みけつこうりゆう》」）。また、カロリナ法典では、自由刑に近いものとして予防拘禁としての不定期刑があったが、予防拘禁は本来の刑とは言えない（公権力が犯罪処罰以外の理由で個人を「保護拘束」する制度で、保安処分の一種）。

ヨーロッパ全体で見ても、刑罰として牢獄に入れるのは、例外的だった。法制史的には、時代によって、次のようなものがあったにすぎない。

一つは、悲劇詩や歴史物語などでしばしば出てくる「永牢《ながろう》」である。これは世俗裁判所の刑罰で、現代の終身自由刑や不定期自由刑に相当する。もっとも、当時の「永牢」は、実情としては、身体刑の性質も帯びていて、日も差さないいじめじめした暗い地下牢などに閉じ込めて、食事もろくに与えずに、囚人を寒さや飢えや害虫などで肉体的に苦しめるという意味合いも強かった。

もう一つは、幽閉監禁で、こちらは宗教裁判所（異端審問所）による罰であり、キリスト教的威光を輝かすための宗教的教導の色彩が強かった。つまり、改宗した異端者を一定の場所に閉じ込めて、神の恩寵を自覚させるための手段として用いられた。他方、あくまで改宗を拒否する異端者は火あぶりの刑になったのであるが、火刑執行寸前に改心を表明した場合は、火あぶりに代えて無期限幽閉の措置が取られた。それは、永牢と近似するが、修道院へ幽閉するなど、牢の条件は比較的良く、真の改悛によって神の許しを得るための長い道のりと位置づけられていた。

啓蒙期と身体刑の消滅

われわれ現代人にとってはやや意外であるが、刑罰として牢獄に入れるという感覚は、一九世紀まではあまりなかったのである。歴史的事実としては、比較的最近まで身体刑の体系が当たり前だった。

では、このような刑罰体系の歴史的転換（身体刑→自由刑）は、何を意味するのか。人類の歴史が身体刑から自由刑に変わったときに、何が起きていたのか。

いま見たような種々の身体刑がヨーロッパで姿を消したのは、モンテスキュー、ヴォルテール、ベッカリーアなどの啓蒙思想家の時代と、ほぼ同時期のことだった。しかも、啓蒙思想の登場とともに急速に姿を消した。

たとえば、ドイツでは、一八世紀中頃から啓蒙専制君主フリードリッヒ大王のもとで、社会制度改革とともに、刑事法の改革が進められ、一七九四年に発効したプロイセン一般国法典において、刑罰は自由刑中心の体系に転換した。その後、一八五一年のプロイセン刑法典を経て、一八七一年のドイツ帝国刑法典の成立により、身体刑はドイツ全土で姿を消す。

フランスでも事情は同様で、市民革命直後の一七九一年刑法典において自由刑を原則とする刑罰体系が取られ、一八一〇年のナポレオン法典の成立、その後の一八三二年の改正によって、手首切断刑、烙印刑が廃止されて、身体刑は全廃される。同時に、自由刑の執行方法も近代化されていった（足枷の廃止など）。

フランスにおいては、革命も手伝って、この変化はごく短期間のうちに生じていて、たとえば、一七八六年には、『マリー・アントワネットの首飾り』事件で、詐欺罪に問われたラ・モット伯爵夫人に笞刑、烙印刑（V字焼き鏝《ごて》）が執行されていた。それが、五年後には自由刑中心の刑罰体系に転回を遂げた。

近代の時代の息吹に呼応するように、身体刑から自由刑へという劇的な転換が起こったのである。

自由刑の誕生

そのため、この現象は、一般に、次のような理論的背景に基づくと説明されている（もっとも、ミシェル・フーコーなどの有力な異論もあるが、それは後に見る）。

ヨーロッパ近代の夜明けにおいて、血なまぐさい身体刑が人道主義的観点から批判され、同時に、開明的な合理的精神が刑罰の呪術的で非合理的な面を忌避し、払拭した。啓蒙思想は、自由で自律的な個人こそが近代人であるとして、それをすべての社会制度の基礎に据える。である以上は、刑罰も、自ずと自由に関する罰に移行しなければならない。啓蒙期において、自由こそが近代人にとって最も大事であるという理念のもと、その大事な自由を奪うことで刑罰の目的は達せられるという信念が形成された。

以上の見方が、法学のみならず、社会学の分野でも支配的である。

たとえば、エミール・デュルケームは、端的に「身体刑から自由刑への変化」を「未開社会から文明社会への進化」で説明した。

デュルケームによれば、刑罰の歴史は、社会の単純性・複雑性という観点と政治権力の絶対性・分権性という観点の二つの変数から考察される。その結果、単純な未開社会では高度に複雑化した社会よりも重い刑罰を科す傾向があるという。

社会学的に見て、未開社会から文明社会へと人類が進歩するに従い、あるいは近世絶対王政から近代国民国家へと時代が下るにつれ、刑罰は過酷性を脱していくという。そして、その法則ないしは傾向は、刑罰の重さのみならず、刑罰の種類(「刑種」)についても言えるという。身体刑から自由刑への転換は、この刑種の変化にほかならないとされた。社会の組織化や絶対的な政治的権力の後退に伴う必然的現象と見ている(『刑罰進化の二法則』)。

つまり、自由刑への転換は、啓蒙思想、近代合理主義精神、人道主義に立脚し、個人の自由の歴史的展開に照応した必然的変化にほかならない。一言で言えば、近代精神そのものとみなされる。

日本の刑罰近代化の事情

ところで、日本の場合はどうか。

日本の場合、自由刑への移行は、明治維新後の近代化、つまり西洋化に伴う現象だった。明治期の西洋法制の受継前は、むしろ、中国の律令の影響を受けた刑罰制度になっていた。が、自由刑への刑罰体系の転換には、ヨーロッパにおける近代化と多少なりとも似た状況が見られる。

すなわち、司法省は、一八七二年、懲役法の制定によって、それまでの「笞」「杖」の刑を懲役刑に代え、自由刑に一本化した。その理由として、司法省では、これらの体刑は「虚弱、宿病の者には後患を招く」「笞・杖を懲役として役業を授ければ、世間にも役立ち、身体も強壮になる」と述べていた（荘子邦雄、大塚仁、平松義郎『刑罰の理論と現実』岩波書店）。

なお、これより前、江戸後期には、幕府法においても藩法においても、切断刑として、鼻削ぎ、耳切りなどがあり、体刑として、敲《たた》き、入れ墨があった。敲きとは、褌《ふんどし》一本にして筵《むしろ》の上に引きだし、箒尻《ほうきじり》で五十回または百回叩く刑のことである。前出の「笞」「杖」も、これとほぼ同じ内容の罰になる。入れ墨は、額や腕に「悪」「犬」「×」「●」などの文字や記号を入れる付加刑のことである。

また、江戸時代には、「小伝馬町牢屋」など、歴史小説でお馴染みの牢獄制度はあったが、自由刑とはあまり関係がなかった。小伝馬町の牢屋は、主に未決拘留のためで、自由刑の執行のために設けられていたわけではない。小伝馬町牢屋に拘禁されていたのは、①裁判で刑が決まる前の吟味・調べ中の者、②遠島の刑に処せられて島流しの出船を待つ者たちであり、例外的に、③永牢の者もいたが、大多数は、①、②だった。

同じく時代小説に出てくる「人足置場」などは、さらに刑罰とは関係がない。たとえば、石川島人足置場は、老中・松平定信の命により、長谷川平蔵が「無宿人らの渡世を助ける」目的で設置したものである。人足置場とは、もともと、犯罪とは関係のない無宿人、浮浪人などを一時収容する施設のことだった。

要するに、自由刑があまり見られないことは同じである。

西洋法制の受継や江戸時代の法制度をどう評価すべきかはともかく、日本の明治維新後が西洋を手本とした急速な近代化の道筋であったとすれば、自由刑への移行にはヨーロッパとパラレルな面を認めることができるだろう。

身体刑に含まれていた豊饒な意味

ヨーロッパの刑罰に、話は戻る。

紀元前のはるか昔から近世に至るまで、刑罰は、呪術的、伝承的、慣習的意味であふれていた。人類史上最古のハンムラビ法典（紀元前一八世紀）は、有名な「目には目を、歯には歯を、命には命を」の同害報復の原理に立脚していたが、同法典には、「人の家に侵入した者は、その家の前で殺され、そこに埋められる」とか「人妻の不倫は、その現場が押さえられた場合には、相手の男とともに、縛られたうえ水に投ぜられる」などの条文もあった。

これらは、古代法制史家によれば、次のような沿革によると言う。住居侵入罪で不法侵入者を家の前で殺して埋めるのは、その死者の霊が以降新たな侵入者から家を守ると信じられていたからであり、それは古代バビロニアだけでなく、時代がずっと下ってからも広く見られた法慣習であるという。

また、姦通罪で不倫の人妻を水没刑にするのは、河神（水神）と関係しているという。ハンムラビ法典には、不倫の疑いをかけられた妻は、「聖河ニ飛込ムベシ」（一三二条）との条文もあり、それは、川に飛び込んで河神の審判を受けることを意味し、いわゆる「苦水」を飲ませるに当たるという。法慣習的に、「女性」と「水（河神）」が結びついていたわけである（遊佐慶夫『古バビロニア法の研究』巌松堂書店)。

時代がずっと下って中世ゲルマン法にも、姦通や子殺しの罪を犯した女を水没刑にする慣わしがあった。これも、やはり、河神や水の精とのかかわりで刑罰として意味づけられていたという(阿部謹也『刑吏の社会史』中公文庫)。河川には、魅惑的な容姿を持ち美しい声で誘う女、蹴爪を生やした醜く陰険な顔つきの年老いた男、あるいは、長い鉤《かぎ》を持ち、歌で子供を誘い入れ、鉤で引き寄せるという鉤男など、地方によって様々な水の精の伝承が存在した。

中世から近世にかけて、ヨーロッパでは、魔女裁判をはじめとして、火刑が宗教上の罪や性的逸脱行為に対して取りおこなわれたのはよく知られているが、これは、灰になるまで焼きつくし、すべてを清めるためである。

中世の森林窃盗に関する罪と罰についても、比較的よく事情が知られている。

森の木の皮を勝手に剝いだ者は、刑として、腹を裂かれ、腸を引き摺りだされて剝いだ木肌に巻きつけられたし、木を切り倒した者は、首をはねられて頭部を切り株の上に乗せられ、新芽が出るまで幹の代わりとして放置された(阿部謹也前掲書、同『中世を旅する人びと』平凡社)。

また、境界石を動かした者は(境界損壊罪)、頭を地上に出して埋められ、その上を牛馬に犂《すき》で引かせて頭部が刈られた(生き埋め刑の一種)。

絞首刑も、刑の由来は、風の神ヴォーダンとの関連にあり、身体を吊るして風に揺することが重要で、それゆえ、絞首後も鳥がついばむままに放置された。ヨーロッパでは近世に至るまで「盗人には絞首刑」という観念が通用していたが、それも、風の神ヴォーダンが盗人の神ともされていたことにかかわるという（阿部『刑吏の社会史』）。

いま、境界石を動かした者に対する残虐刑について述べたが（境界損壊罪に対する特殊な生き埋め刑）、これは一五世紀の判決集においても、まだしばしば出てくる（オーストリア判告録等）。また、前述の水没刑（姦通や子殺しの女に対する刑）は、一七世紀まで実際に取りおこなわれていた。

さらには、一四世紀から一六世紀にかけて、動物裁判という奇妙な法慣行が盛んにおこなわれていて、それは一八世紀まで続いたという（池上俊一『動物裁判』講談社現代新書）。

この「動物裁判」という現象が極めて異例なのは、人を襲ったり暴れて傷つけたりした動物たちをただ殺処分するのでなく、実際に法廷を開いて裁かれる動物を召喚し（捕獲召喚できないときには公告による欠席裁判）、動物に弁護人を付け（国選弁護）、訴訟法上の手続をすべて履践したうえで、火刑、絞足刑、遠方追放刑、破門宣告などの刑を決めていたことである。したがって、少なからぬ公費が投じられたし、有能な弁護人の大弁護によって無罪放免となることもあった。これは、刑そのものが、呪術的、伝承的、慣習的要素など、多種多様で複雑な神秘的意味合いを持っていなければ、考えられない事象である。

現代を生きるわれわれの一般的な感覚に反して、あるいは、当時の自然科学の発達や社会思想の展開にもかかわらず、法制史はまだかくの如き段階にとどまっていたのであり、反面、近世までの刑罰は――善きにつけ悪しきにつけ――過剰なまでに意味で満たされていたのである。

「懲役○年」の違和感の謎解き

以上のような刑罰の豊饒な意味は、もちろん、著しく特殊なものである。

近代の夜明けが近づくころには、悠久の時の流れの中で、歴史の奥深くへと紛れ込みつつあった。多くの人々にとって容易にはわからないものになっていた。そのため、カロリナ法典では、身体刑や加辱刑については、その中のどのような刑を選ぶべきか、鑑定が義務づけられた（量刑鑑定の義務付け条項）。大学法学部への鑑定が必須とされたわけであるが、逆に言えば、その時点でもまだ、法制史的な精密な調査を実施すれば、刑の意味が明らかになると信じられていたのである。

もう何が言いたいか、半ばおわかりだろう。自由刑の量刑数字の不可思議は、近代の生みの苦しみに対応していたのである。

啓蒙思想と近代精神は、刑罰の世界で数千年にわたって続いてきた身体刑からついに脱して、自由刑を開いた。同時に、刑罰は、一切の呪術的、伝承的、慣習的意味を失った。そのため、われわれが量刑数字を目にするとき、根源的なところで「無の感覚」を免れないことになるわけである。

刑罰体系の歴史的転換（身体刑→自由刑）は、必然的に、新たな意味を求めなければならない状況を呼び寄せたのである。

罪と罰の共約可能性

一から新たな意味を求めなければならないというのは、大変な状況である。

ところが、この時に生起した問題は、それだけではなかった。刑罰体系の歴史的転換（身体刑→自由刑）の結果、「懲役○年」という数字にまつわる無根拠性の問題のほかにも、軽視できないもう一つの不都合が生じていた。

第三章で、現代日本の判決例について、いくつかの代表的な量刑例を取り上げて、その有り様を瞥見した。殺人、連続放火、巨額横領、武装強盗、喧嘩による傷害致死などについて、量刑相場が乱数表的になっているのを見た。ここで、頁を繰って、もう一度、その乱数表的状況を見返してもらえるならば、そこには、これまでに見てきた問題とは別の事柄もかかわっていることに気づかれるかもしれない。

そこでは、横領の刑が殺人の刑よりずっと重いという珍現象や、武装強盗の刑は連続放火よりも軽いが殺人よりは重いといった不得要領の現象が生じている。殺人罪も放火罪も強盗致傷罪も傷害致死罪も、おしなべて同じ刑種（＝懲役）で処断されるためである。刑種の区別がないために、罪ごとの差別化ができず、それが乱数表的印象に輪をかけていることがわかるだろう。

つまり、殺人、放火、強盗……という様々な罪が、刑の次元においては、否応なしに一元化されてしまうという問題がある。自由刑の場合、裁判の最終結論の段において、それぞれの罪の特徴や色彩をうまく表現することができないのである。

罪と罰との共約可能性（呼応性、想起性）という問題である。
われわれは、言い渡される刑（「懲役〇年」）から、その罪（殺人か放火か強盗か……）を想起できない。近代の「罪と罰」は、もはや、厳密な意義における意味的関連性を持たない。

ベッカリーア『犯罪と刑罰』の主張

この時期において、啓蒙思想家たちが当面した状況がいかなるものであったかは、ベッカリーア『犯罪と刑罰』を読むとよくわかる。

ベッカリーアは、主著『犯罪と刑罰』で死刑廃止を力説するとともに、身体刑を脱した新時代の刑罰の構想について述べていたが、そこでは、「刑罰の性質をできるだけ対応する犯罪に似たものにする」ことを主張した。

これは、いま触れた「罪と罰との共約可能性」に関する問題意識であり、処せられた刑によって、どのような犯罪が起こされたのかがすぐに想起できることが望ましいという考えである。いや、それが望ましいというにとどまらず、啓蒙期の刑法思想では一般予防（世間一般に対する犯罪予防効果）が重視されたから、一般人に罪と罰との関係性が理解できないようでは大変困る。ある人が刑罰を受ける場合に、他の人から見て、その人の刑から当人が犯した罪を想起できないなら、十分な一般予防効果は成り立たない。

だから、ベッカリーアたち啓蒙思想家にとっては、「刑罰の性質をできるだけ対応する犯罪に似たものにする」ことは必須条件とも言えた。

ところが、では、いかなる刑罰がそれに当たるかという段において、ベッカリーアは何も示すことができなかった。『犯罪と刑罰』では、具体例を一つも挙げることができなかったのである。それは、刑罰体系の歴史的転換（身体刑→自由刑）の結果である。啓蒙思想と近代精神は、長らく続いてきた身体刑からついに脱した。自由刑という新しい刑罰の世界を開いた。同時に、その時に、刑罰は、罪との呼応性、想起性も失っていたのである。

啓蒙主義刑罰論の挫折

その後も啓蒙主義者たちは苦闘を続けた。二百数十年の時を経て、今振り返って見ても、その苦悩の跡をはっきりとたどることができる。

ベッカリーアやブリソ・ド・ヴァルヴィルは、労役刑へと考えを進めたようである。ここで言う労役刑とは、道路や橋などを造営、補修させる強制労働である（道路整備、建築労役などの公的な労働に囚人を投入するため、法学上は「公労役刑」と言われることが多い）。

啓蒙期の刑法思想では一般予防（一般人に対する犯罪予防効果）が重視されるとともに、犯罪を市民社会に対する侵害ととらえ直した。国王の政治的権威、キリスト教会の宗教的権威、その他存在するもろもろの権威に対する反抗としてではなく、犯罪を社会に対する違反であり、社会の利益（法益）の侵害にほかならないとした。なおかつ、自由で自律的な個人、国民主権、市場経済などの当時の基本思想に立脚して、個人の社会契約によって成り立つところの市民社会に対する侵害であり、違反であるとした（社会契約説による再構成）。

つまり、犯罪は、社会契約の違反であり、社会の法益（利益）に対する侵害である。である以上、刑罰も、侵害された社会的利益を回復するようなものであることが望ましい。

このような見方からすれば、屋外における労役刑は、社会奉仕活動に近い点で、社会的利益の回復とみなすことができ、かつ、開放作業である点で、自由を奪う程度が少なく、啓蒙思想の人道主義の精神にも極めてふさわしい。近代的刑罰として理想的とされたわけである。

しかも、屋外労働であるから、他の人々の目にも触れ、一般予防のうち、最低限の効果だけはあるとも言える。ベッカリーアたちのもともとの刑罰的志向にも合致していた。

ところが、その後の自由刑をめぐる現実は、啓蒙主義者たちが期待したようには動かなかった。労役刑は、刑罰体系の歴史的転換（身体刑→自由刑）の過渡期に、「道路使役」、「建築労役」、「軍役」として一度現れたが、その後、近代化の過程とともに消えていった。ヨーロッパのほとんどの地域で労役刑は採用されるところとはならなかったのである。

監獄の誕生

労役刑が採用されない一方で、一八世紀後半から一九世紀初頭にかけて、フランドルの新懲治《しんちょうじ》院《いん》やアメリカのフィラデルフィア監獄などにおいて、懲役刑はそれなりの成果を上げる。

もともと、懲役の原型とされ、モデルとされたのは、一六世紀末に出現したアムステルダムの懲治院《ちょうじいん》である。アムステルダム懲治院は、孤児院や救貧院などの延長として、まだ身体刑中心だったヨーロッパ近世において単発的、偶発的に発生した。そこでは、浮浪者や無職困窮者とともに窃盗犯人を収容した。男子には部材削りの軽作業、女子には裁縫をおこなわせ、職匠が職業指導を実施していた。また、牧師と教師が収容者の教育指導に当たっていた。

近代に入って、フランドルの新懲治院（一七七五年）、アメリカのフィラデルフィア監獄（一八二〇年）などで自由刑を導入する際には、このアムステルダムの懲治院がモデルとされた。

啓蒙主義者たちが念頭に置いていた労役刑は、同じ自由刑であっても、これらの懲役刑とは異なる。労役刑の場合も、もちろん強制労働を伴うが、刑務所の外で、つまり、社会内で労働をおこなわせる点で、少なからぬ違いがある。両者は「開放性／閉鎖性」の観点から区別される。現代の用語で言えば、前者は「開放処遇」に当たる。

しかし、一九世紀前半には、自由刑は、すべて監獄に収容する懲役刑の系統に一本化されたのである。

身体刑消滅の真の理由は何か

歴史的には、啓蒙主義刑罰論は挫折した。

そこから、この現象を眺めて、刑罰体系の歴史的転換（身体刑→自由刑）を否定的にとらえる批判的考察が生じる。有名なミシェル・フーコーの権力論である（『監獄の誕生――監視と処罰』）。

フーコーによれば、身体刑が自由刑に変わったのは、近代啓蒙思想の開明的な人道主義とは関係がない。それどころか、逆に、それは「権力の狡知」と言うべきものである。次のような立論を展開している。

自由刑が監獄への閉じ込めの形を取るのは、権力の在り方が、剝き出しの強権的な権力から個人の内面に働きかけて服従を求める規律型の権力に変わったのが理由である。近代の国民国家においては、権力の作用の仕方が、それまでの封建的な権力とは変わらざるを得なかった。刑罰体系が変わったのは、その結果にすぎない。単なる権力側の問題であり、権力のメカニズムの変化である。

しかも、その変化は、ブルジョアジーの台頭を背景にした政治的な目的を持つものであって、権力の作用がより巧緻で陰険なものになったのだという。

フーコーに言わせれば、単純に、「身体刑の退場＝自由刑の登場」を明るい近代的合理性や人道精神と結びつけることは、お門違いとなる。かえって、それは近代化の裏に隠蔽された刑罰思想と権力の暗い土壌を示すものにほかならない。

こうして、権力論として見た場合、意外にも、自由刑は負の現象であり、権力の高度化が法と裁判の世界にも及んだだけなのではないかとの疑念が投げかけられる。

フーコー権力論の象徴

フーコーは、さらに、次のように議論を進める。

自由刑の執行の場である監獄は、個人の内面に働きかけて服従を求める規律型の権力の典型である。それは、監獄の一望監視装置（「パノプティコン」）に象徴的に現れている。

パノプティコンとは、功利主義哲学の代表者ジェレミー・ベンサムの提唱にかかる近代的監獄の設計思想に基づく（ベンサムは、もともとは法律実務家だった）。そこでは、中央に配置された監視塔の周りをぐるりと囲む形で囚人棟が円形配置される。囚人は円形棟の狭い棟割房に閉じ込められ、房には、必ず中央監視塔に向けて窓がつけられる。

この仕組みの中では、閉じ込められた囚人は、常に中央監視塔からの視線を意識しないわけにはいかない。狭い房の中で、中央監視塔の視線から逃れる場所はどこにもない。囚人は、いつしか、規律を欲する中央監視塔からの視線を自己の内部に取り込むほかなくなる。いま見られているかもしれないという意識は、常に身体と精神に緊張をもたらし、自ずから権力適合的な行動を取るよう仕向ける。いつ何時《なんどき》、監視されていてもよいように、自分から監視の視線に見合う姿勢や動作をするようになるだろう。

こうして、権力は、囚人の内部に働きかけ、その内部から身体と精神を従順に、すなわち、権力に好都合なように改造する。

もはや、権力に従わない者を罪人とみなして身体刑などで苛烈に断罪するよりも、自由刑によって刑務所内に拘禁して権力の不断の監視のもとに置き、その内面を従順に改造し、飼い馴らす方が得策となったというだけである。それは、つまるところ、権力の在り方がより巧妙になったにすぎないのだと（『監獄の誕生』）。

フーコーの権力論は、思想・哲学、社会学、社会思想の諸分野で大きな影響力を持っている。のみならず、法学の領野においても、無視し得ない説得力を持つ。そのような権力論的考察を度外視してしまうと、なぜ、自由刑のうち、労役刑ではなく懲役刑が選ばれたのかが説明できないからである。

それでは、その場合、刑罰近代化の意味はどうなるのか。その歴史的意味は反転してしまうのか。

刑罰近代化とは何だったか

刑罰近代化の社会思想史的意味とは何か。

フーコーの見方に対しては、法と裁判という観点から見る限り、次の疑問点が指摘できる。

第一に、拷問の同時消滅という点である。

近世ヨーロッパでは、取り調べ方法として拷問が認められていた。拷問で自白を引き出し、その自白が裁判における最も重要な証拠とされていた。

啓蒙期には、刑罰の領域で身体刑が消滅して自由刑がそれにとって代わっただけでなく、取り調べの領域でも重要な変化が生じていた。身体刑の消滅と時を同じくして、取り調べ方法としての拷問が廃止されていったのである。

たとえば、ドイツでは、拷問は、フリードリッヒ大王のもとで身体刑から自由刑への刑罰体系の大転換が進行中の一七五四年に廃止されている。フランスでは、一七八八年にルイ一六世王令によって拷問が全廃されており、それは、刑法典が自由刑中心の刑罰体系に転換（一七九一年）したのと、ほとんど同時期である。

これは、フーコー権力論とは逆方向の変化である。「権力の狡知」では説明がつかない。

それまでは法によって拷問が認められていたが（法定拷問、「正しい拷問」の観念）、その時代には、まだ、証拠として是非とも自白が必要だったからである。かかる事情は変わっていないのに、また、ほかに自白を引き出せる有効な方法が見つかったわけでもないのに、それを承知で啓蒙期に急転廃止したわけである。そこには、「権力の狡知」ではない、別の何か大きな理念が作用したとしか、説明のしようがない。

第二に、加辱刑の同時消滅である。

近代の夜明けである啓蒙期において、身体刑の消滅とともに、加辱刑（晒し刑や侮辱行進）も姿を消していった。やはり、これも、フーコー権力論とは反対の方向になる。

加辱刑は、権力作用という面では、個人の心理・心情に働きかける刑である。そうであるだけに、フーコーの観点からすれば、内面に作用する規律権力の一手段として、自由刑と併用されてもおかしくなかった。しかし、事実としては、そうはならなかった。

拷問の廃止、身体刑の廃止、加辱刑の廃止、自由刑の導入、それらが一時に起こったという歴史的事実、そこにおいては、われわれは、近代人にとっての自由の意味を考えざるを得ない。

自由刑の歴史的理念

中世・近世までは、国王、封建領主、教会が民衆に対して権力と権威を誇示することで共同体全体としての安定が保たれていたが、一六世紀に入ると、それが崩れ始める。まず、ルターなどの宗教改革の結果、個々人の内心の自由が教会の権威から切り離されて独立し、精神の自律的圏域を生み出す。

ついで、一八世紀に入ると、それまで国王・貴族の専有物だった文学や芸術が公衆のものとなり、文芸的公共圏が生まれる。コーヒーハウスなどで市民が自由に文芸を論ずるサロン的雰囲気が生まれた。

そして、そこから、次には、政治を論ずるジャーナリズムが派生してくる。政治的公共圏の誕生である。一八世紀から一九世紀にかけて起こった、この現象は、為政者に対する恒常的な批判を可能にした。それまでは、仮にも為政者の権威を批判しようと思えば、叛逆という形を取らざるを得なかったのであるから、これは画期的な出来事だった（ユルゲン・ハーバーマス『公共性の構造転換』）。

民衆の意識の面では、それまでは王朝的共同体、宗教的共同体という観念のもとにあったのが、メディアが発生したことで、出版物を通して、全く新しい仕方で他者と自己の関係が意識されるようになる。均質な関係に立つ新たな共同体の観念である（ベネディクト・アンダーソン『想像の共同体』）。すなわち、均質な構成員からなる国民国家、自由で自律的な個人の基礎が形成された。

だから、これらの歴史的展開を刑罰との関係で見れば、啓蒙期において、自由こそが近代人にとって最も大事であるという考えのもとに、その大事な自由を奪うことの意味があらためて見直されて、自由刑への刑罰改革に至ったに違いないと思われる。

また、近代初頭において、自由とは、封建社会の因習や慣行やしきたりなど、個人を縛るくびきをすべて——伝統さえも含めて——いったん断ち切ることにほかならなかった（自由の観念は、近代の成熟への歩みの中において、「自律としての自由」「絶対精神としての自由」にまで形而上学的に深化していったが、それは時間を得た後のことだった）。

われわれは、やはり、近代精神に出会わざるを得ないのである。

「知と権力」システムの二面性

フーコーの権力論は、刑罰近代化の隠された面を鋭く指摘したが、おそらく、その積極的意味を否定し去るものではない。

それは、刑罰体系の歴史的転換（身体刑→自由刑）をあますところなく解き明かすというより、その一面を照射するものである。

監獄の果たした役割という点では、紛れもなく、ことの実態を明かしているのだろう。フーコーが言うとおり、近代の権力が監獄をそのように利用したこと、規律権力という新たな権力が出現し、そこ（監獄）において作用していたことは間違いないように思われる。また、立法の段階でも、ブルジョアジーの台頭を背景に、自由刑の採用には権力の技法が働いており、そのために、労役刑が排除され、懲役刑が選ばれたのかもしれない。

しかし、それだけで言い尽くせるかと言えば、そうではない。

歴史的に見て、「知」と権力は、両者が結びついた「知＝権力」の複合的システムとして存在しているという見方が、現在では定説化している。とすれば、「近代的理性か権力の技法か」は、択一的ではなく、むしろ、複合的な重層構造をなすと考えることができる。そして、自由刑への刑罰改革は、「知」の側面では、近代的理性（啓蒙思想、人道主義、合理的精神、近代の理念）に対応していたと見られる。

同じくフーコーによれば、「知と権力」の関係は、決して独立ではなく、権力はもろもろの「知」を生み出し、「知」は歴史的に権力に結びつく。ある種の学問は、権力に結びつくことで正統性を獲得するに至ったと強調されている。その例証として、たとえば、国情学、統計学、精神医学などが挙げられている（精神医学は精神鑑定で司法権力と結びついている）。いくら「真理」や「真実」などといっても、政治的あるいは社会的権力を遠く離れて純粋に無私な姿勢で形成される「真なる知」などは存在しないという（『精神医学の権力』）。

であるとすれば、「知＝権力」の複合的・重層的システムの中で、啓蒙思想とフーコー権力論は、それぞれの一面を言い表していると見るのが自然だろう。

刑罰近代化の代償「自由の苦悩」

フーコーの議論は極めて鋭く、また独特なので、それにあまり影響されすぎないために、ここで、法と裁判の観点から、あらためて整理しておきたい。

前述のように、刑罰近代化のプロセスの考察において、フーコーの権力論の観点は、刑罰改革の消極面に対応していると見られる。積極面には、啓蒙思想、人道主義、合理的精神、近代の理念が対応する。

自由刑をめぐる根本的問題は、「監獄への閉じ込めか、それとも屋外労役による開放処遇か」

もさることながら、刑罰が刑期という数字で表される（にすぎない）ことである。たとえ、屋外労役による開放処遇であっても、その労役期間をいかに数字化すればよいかという問題は残る。懲役刑と労役刑のいずれによるにせよ、この点は変わらない。また、前に出てきた「罪と罰との共約可能性」（呼応性、想起性）という問題にしても、罰から罪を想起できないことは、労役刑でも同じである。

だから、刑罰近代化がはらむ問題点については、法と裁判の観点からは、フーコーの問題提起以上に、「数字」の問題が重大である。数字化の問題が解決されなければ、刑罰は意味を失うことになる。啓蒙思想は、身体刑から脱却して自由刑への近代化の道を開いた。同時に、その近代化は、大きな代償なしには済まなかったのである。

量刑数字の謎は、近代精神がもたらしたものだった。それは、刑罰近代化の避けられない代償であり、必然的に「無」を呼び寄せた。自由刑という近代的体験の意味するところ、われわれは、量刑の場で、無の感覚にまつわる苦悩を免れない。それは、いわば、近代の苦悩、自由の苦悩と言えるだろう。

第六章

刑罰の思想史と法のシステム理論

自由刑の近代的経験のその後

マックス・ウェーバーは、近代を「脱呪術化」による合理化の過程とみなしたが、同時に、それによって、人間の生はそれだけ自然を失い、生活は潤いを喪失したと述べて(「鋼鉄の檻」)、近代化の負の面も指摘した。

刑罰改革(「身体刑から自由刑へ」)についても、似たようなことが言える。自由刑の近代的体験は、喪失体験でもあった。自由刑の数字(量刑数字)は意味を持たない。

この近代的経験は、法と裁判の世界に、「意味」から離れるという傾向をもたらした。意味が見いだせないのであれば、あとは「機能」しかない。「意味から機能へ、システムへ」とシフトして行ったのである。

近代以降、自由刑の量刑を機能の観点から考え、量刑数字をシステマティックに算出できればよいとの発想が出てくるのは、自然の成り行きとも言えた。刑事裁判の量刑論は、いきおい、過去の判決例を活用して一定の手法で結論の数字を出すシステムの構築に向かったのである。それは、何も日本だけのことではなく、先進諸外国に共通する傾向だった。

過去の判決例をベースに、それを整理・統合した「刑の相場」が生まれ、個々の犯罪は、その中で扱われるようになる。量刑相場による自由刑の数字の決定である。

量刑相場は、いかにも機械的・形式的であり、オートマティックで官僚主義的であるが、一面では、「意味から機能へ、システムへ」という現代の法学や社会学上の流れに乗っている。その流れとは、ニコラス・ルーマンに代表されるシステム論の潮流である。

ただ、ここで、社会システム理論やシステム法論に入っていく前に、刑罰の本質論についての基礎的知見を一瞥しておきたい。歴史上現れた刑罰の思想と理論をできるだけ簡潔に、駆け足で見ていくことにする。

古代の刑罰観

最古の刑罰観は、紀元前一八世紀、古代バビロニアのハンムラビ法典に見られる同害報復(「目には目を、歯には歯を」)であると言われる。そこでは、刑罰は罪の報いであるという考え方が基本になっている。「同害報復」と言われるとおり、この考えは、刑罰の本質は害であることを前提としている。犯した罪の報いとして害悪を与える。それが刑罰であるとの考え方である。また、「同害報復」と言うとおり、ここでは、罪と罰は、同一性(「対称性」)で表される。言ってみれば、犯罪と刑罰の関係を作用・反作用の関係としてとらえるものである。

犯した罪の報いという刑罰観は、応報刑論と称されるが、同害報復は、その厳格な均衡性において、とくに絶対的応報刑と言われる。

紀元前八世紀ころになると、ギリシア世界において、犯罪を共同体にとっての穢《けが》れとみなし、それを祓い清めるという刑罰観が現れる(プラトン『法律』)。いわゆるギリシア悲劇時代(ホメロスの叙事詩『オデュッセイア』『イリアス』の時代)のことである。

この場合、刑罰は呪術的な清祓犠牲としての意味を持つが、同時に、共同体の掟にまつわる社会的連帯感情の喚起という性格が見られる。つまりは、法感情に関係している（原初的な法的確信の成立）。

さらに時代が下ると、ソクラテスによる全く新しい刑罰観が出現する。プラトンの伝えるところによれば、ソクラテスは、「不正をおこなうよりは不正を受ける方がましだ」という考え方を取っていた。犯罪は、何が自分にとって善く、何が悪いのかを人が誤解したために起きるとみなされる。「正しく懲らしめられるとき、その魂は改善される」「罰を受けて利益を受けるのは、過ちを犯した者である」と、ソクラテスは言う（プラトン『ゴルギアス』）。

それゆえに、また、犯罪者に刑罰を加えることは、原理的に「善」とされる。同害報復の法が刑罰を原理的に「害」（同害）ととらえるのと異なる。

プラトン自身は、ソクラテスの刑罰観をさらに発展させて、犯罪を「魂の病」としてとらえ、刑罰は犯罪者の病める魂を治癒するものであるとした（『法律』）。つまり、プラトンにおいては、刑罰の本質が魂の次元にまで昇華されている。

また、ソクラテスやプラトンの場合、報復を刑罰原理として認めない。犯罪に対して反射的あるいは感情的に報復するのは、真に人間的な在り方ではないとされ、応報観念は退けられる（『プロタゴラス』）。

これに対して、アリストテレスは、ソクラテスやプラトンと違い、報復が正義であることを明瞭に認める。そして、刑罰の本質を応報ととらえる（『ニコマコス倫理学』）。

したがって、アリストテレスにおいては、刑罰は、正義のために苦痛を与えるものとなる。内容的には、あくまで「害」ないしは「害悪」であり、害悪である必然性もあるのである。この点でも、アリストテレスの場合は、ソクラテスやプラトンとは異なる。

しかし、アリストテレスの刑罰観は、同害報復とは大いに異なる。それは、刑罰と犯罪の対称性を要求するところの絶対的な応報刑ではない（＝相対的応報刑）。それが、いかなる意味で相対的かと言えば、罪と罰の関係は、アリストテレスによれば、「配分的」ないしは「矯正的」に考えられることを意味する。では「配分的」ないしは「矯正的」とは何かと言えば、具体的には、比例関係を意味する。結局、「刑罰の重さは犯した罪の重さに比例すべきだ」とされる。

刑罰が応報だとしても、絶対的な均衡は要求されない。現代の刑罰理論は、多かれ少なかれ、このアリストテレスの考え方に由来している。

ローマ時代には、共和政の時期に、キケロが「見せしめ」としての刑罰を強調した（『ウェッレス弾劾演説』）。

ギリシア時代のソクラテスやプラトンの刑罰観にも、見せしめの観点は見られた。が、キケロの場合は、刑罰はもっぱら、国家の民衆一般に対する統治手段という観点から考えられている。そのため、それを期すること激烈になって、罪と罰の関連（対称性や比例関係）は薄れ、民衆を恐怖させること自体に重点が移される。ことさら苛烈な身体刑が多用され、残虐な方法による死刑も用いられた（たとえば、動物とともに袋に入れて海に投げ込む袋刑など）。

帝政初期には、ストア派の代表的哲学者セネカが、キケロとは対照的な刑罰観を示した。セネカは、「人が人を罰するのは、過去に悪事をおこなったためではなく、将来にもはや悪事がおこなわれなくするためである」と言う（『怒りについて』）。

これは、ソクラテスやプラトンの刑罰観と似ているが、個人の魂よりも社会全体の安寧を優先させている点に違いがある。犯罪者自身の善化とは言っても、本人の側に立つのではなく、社会側からそれを見ている。また、セネカにおいては、犯罪は、社会生活上の「過ち」や「失敗」と区別されずに、その延長線上でとらえられていて、刑罰を科する理由も「悪の根」「君や他人を苦しめる狂気」などとされ、犯罪に対して刑罰を科すという観点自体が著しく後退している。刑罰を一種の保安処分（＝予防、治療等のための自由剝奪処分）と考えているふしが見えることである。死刑を「良きもの」として肯定していることと合わせ、ここで、はじめて、犯罪者から社会全体を守るという観点（＝社会防衛）が明確に出てきたと言える。

セネカは、刑罰に社会防衛という意味付けを与えた最初の人とされている。

中世の刑罰観

キリスト教が四世紀末にローマ帝国の国教となり、ヨーロッパ世界に広まっていく中で、ソクラテスやプラトンの刑罰観にも見られた「魂の改善」というテーマが、キリスト教的な意味での「魂の救済」論として換骨奪胎される。

まさにキリスト教が国教化されたその時代に生きた教父・アウグスティヌスは、魂の救済を最高善とした。聖アウグスティヌスの説く「魂の救済」とは、神に仕え、神の御心にしたがって、隣人を自分自身と同じように愛することである。そこから、「罪人の残虐さは、あなたにとって復讐に満足する機会ではなく、あなたが治療を施す（べき）傷（である）」（『書簡集』）という刑罰観が示される（もっとも、アウグスティヌスは、神の国と現世を区別する観点から、威嚇を理由に死刑をはじめとする刑罰を肯定しているふしもある）。

中世盛期には、キリスト教がヨーロッパ全土に浸透し、キリスト教会が絶大な影響を持つに至り、刑罰観も神学的にさらに深化する。中世盛期最大の神学者トマス・アクィナスは、神法において、（来世で）神が魂の罪を裁き、罰を科するのと同じように、世俗法の罰も、現世的な罪に対する報復にほかならないと見る。むしろ、トマス・アクィナスは、古代の哲学者以上に、「正しい報復」を強調している。たとえ、被害者が加害者を赦《ゆる》したとしても、犯罪者に対しては、「正しく」報復をしなければならないとした。被害者が共同体に代わって犯罪者を赦すこと自体、認められないとしていた。

しかし、新約聖書では、キリストは、われわれに代わって人間すべての原罪を負ったはずである。そして、他人の罪を赦すよう勧めていた。これとの関係は、どうなるのか。

トマスは、刑罰は報復であるが、同時に「救いのためにも必要である」と言った（『神学大全』）。罪を犯した者が正しく罰せられないなら、その者の救いが妨げられるとしたのである。

他方では、トマスは、世俗法における刑罰の本質を明確に「害悪」とみていたから、刑罰は害悪であると同時に当人にとっての救いであることになる。ここでは、応報刑論と魂の救済論が結合されている。

啓蒙期の刑罰観

チェーザレ・ベッカリーアの『犯罪と刑罰』は、近代の刑罰観の夜明けを告げたとされている。ベッカリーアは、『犯罪と刑罰』の中で、死刑廃止を訴え、古代、中世、近世と続いた、それまでの社会の苛酷さを批判した。刑罰一般については、「刑罰が正当であるためには、それが犯罪を思いとどまらせるのに十分な程度に厳しければよい」と主張した。

この刑罰観が近代的なのは、合理的な人間像を背景に刑罰の程度が限定されていることである。この観点を推し進めたのが、刑法学者アンセルム・フォイエルバッハで、罪と罰に関する「心理的強制説」を展開した。事前に刑罰によって、犯罪により得られる利益や快よりも大きい害を定めておけば、人が犯罪に出るのを防止できるはずだとして、そこから刑罰の程度（種類と量）を考えようとする。

啓蒙期の刑罰理論は、自由で自律的な個人像、国民主権、「社会契約」などの基本思想に立脚して、市民社会の透明性という観点から罪と罰を再構成しようとする志向が強かった。

これらの見解も、刑の犯罪予防効果を強調したが、あくまで市民社会における効果を問題にしていたから、統治者が民衆を恐怖させるという観点からは明確に脱していた。

その意味では、これまでの恐怖による犯罪予防、統治の手段としての見せしめが、苛酷な厳罰主義に陥るのとは違う。近代市民社会を前提にした刑の犯罪予防効果論は、見せしめと区別して、「一般予防」と呼ぶことができる。

ただ、ベッカリーアの議論にしてもフォイエルバッハの心理的強制説にしても、立法に際して刑罰の程度を決める指針にはなり得ても、裁判において事後的に刑罰の程度を決める指針にはなり得ない（その段階では、すでに心理強制は失敗しているから）。

のみならず、事前に立法に際して刑罰の程度を決める際にも、現実には快楽計算（犯罪により得られる快と刑罰により科される不快の計算）などできはしないため、結果的に、十分な心理強制を働かせようとして刑罰がどんどん過大になっていく傾向がある。フォイエルバッハが起草したバイエルン刑法典は、そのあまりの厳罰主義のゆえに、施行後間もなく廃棄される運命を辿った。結局、違う意味で、厳罰化を免れなかったのである。

とまれ、この時代の刑罰理論の特色は、一般予防と功利主義的性格で代表される。一八世紀の刑法思想では、産業革命と初期資本主義の成立を時代背景に、ブルジョアジーの台頭に呼応して、合理的な予測可能性、近代的な計算可能性が重視され、ために一般予防に力点が置かれることになった。また、そこでは応報としての刑罰は否定されることが多い。応報は、中世的な神学的要素や王権的な超越的色彩を持つとみなされたからである。

カントとヘーゲルの刑罰観

カントは、ベッカリーアをはじめとする啓蒙期刑法学者たちに対して、激烈な批判を加えた。カントによれば、刑罰についての功利主義的な見方は、すべて否定される。一般予防であれ何であれ、単なる政策的効果から刑罰を正当化することはできない。それは、人間の人格を手段として扱うことになるからである。刑罰は、当の人格が罪を犯したがゆえに、かつ、そのことによってのみ科せられるべきである。したがって、刑罰の程度も、犯罪行為の重さによってのみ決定される。次のように言う。

「裁判が原理・規準として採用すべき刑罰の様式や程度はどのようなものか。それは、……正義の秤の針の示す均等原理以外のものではあり得ない。……ただ同害報復の法理だけが、正確に刑罰の量と質を提示することができる。……もし、犯人が人を殺したのであれば、彼は死なねばならない。この際には、正義を満足させる他のいかなる代替物もない」と(『人倫の形而上学』)。

カントの法論は、その道徳哲学の帰結と言える。すなわち、これより先に一般的な道徳哲学の基礎理論として、「汝の人格の中にも他のすべての人の人格の中にもある人間性を、いつでもまたいかなる場合にも、同時に目的として用い、決して単なる手段として使用してはならない」という原理を明らかにしていた(『道徳形而上学原論』)。

そして、その応報刑論が厳格に同害報復を意味することになるのは(=絶対的応報刑論)、自律的な個人の人格の平等に関係している。そこでは、個人の人格的平等性の観点から、古典的な同害報復の法に近代的基礎づけが与えられている。

しかし、カントの言う均衡の秤の法は、自由刑とは相容れない。自由刑の近代的刑罰体系のもとでは、明らかに罪と罰の対称性は全面的に失われている(「目には目を、歯には歯を」ではなく、「目にも歯にも、身体の自由のはく奪」)。そこでは、もはや、絶対的応報刑論を取ることはできない。カントは、ちょうど刑罰が身体刑から自由刑へと移行する転換期に生きた。まさに、最後の絶対的応報刑論者だったと言える。

これに対して、ヘーゲルは刑罰体系の転換後に登場した。ヘーゲルの法論は、刑罰の根拠を根源にまで遡って問うものになっている。ヘーゲルに言わせれば、刑罰をその効果の点だけから考えるのは極めて皮相的な見方であり、基礎づけになっていない。刑罰を一般予防などから説明する功利主義的見解は否定される。これは、カントと同じである。

しかし、さらに、ヘーゲルの場合は、応報刑論も、それだけでは刑罰の基礎づけにはならないとする。応報刑は、犯罪という害悪が発生した場合に、その報いとして刑罰が作用すると考えるものである。しかし、害悪に対する反作用で害悪を及ぼすというだけなら、物理的作用と同じである。単に応報というだけでは、正義論としては甚だ不完全であり、真の根拠にはならないとする。応報が、なぜ正義と言えるのかがさらに問われる。

ヘーゲル『法の哲学』は、刑罰を社会を前進させる一つの自由精神とみる。ヘーゲルは、刑罰を単に犯罪者に加えられる害悪とみるのではなく、人間社会の自由な精神が回復するための壮大な制度とみなす。そこでは、犯罪者さえもが、法秩序の中で、再び自由な人格として再生する（犯罪者が刑を務めて罪を償った後は、一人の自由な人格として社会復帰することを言っている）。

刑罰は、被害者の失われた自由を回復しようとするだけでなく、犯罪者自身の失われた本来の精神さえも回復するものであり、その結果、「法＝自由の客観的精神」「刑罰＝自由の回復」「犯罪者に対する科刑＝自由な人格の回復」となって、すべてが自由の精神の観点から説明される。こうして、人間精神の自由が貫徹されることになる。

そこでは、処罰される犯罪者から見た場合も含めて、すべてが普遍的な自由の精神の回復という観点で首尾一貫されており、それによって、刑罰は自由精神の一つであることが示され、その結果、社会（「自由の王国」）はそれだけ前進するとの論証が成就している。そして、それが応報刑論の真の根拠であるとされた。

その上で、応報の意味合いは、カントとは違って、自由の精神から極めて理念的、価値的に考えられることになる（＝価値的応報刑論）。

ヘーゲルの場合は、価値的応報刑論なので、多くの犯罪に自由刑が科されることも容易に説明が可能となる。

一九世紀後半の新しい刑罰観

一九世紀後半になると、まず、刑罰ではなくて犯罪についての新しい見方が現れる。

遺伝学の成果を取り入れて登場したチェーザレ・ロンブローゾの生来的犯罪人説である。ロンブローゾは、一九世紀の自然科学の発達を背景に、当時の科学的知見を駆使して、「犯罪人類学」を創始した（『犯罪人論』）。

精神医学者で法医学者でもあったロンブローゾは、身体的特徴（頭蓋骨、頬骨、鼻の形状、あご、耳の大きさ、指の長さ、髪の毛の生え方など）や脳容量などによって、生来的犯罪人を識別できると主張した。つまり、この考え方では、遺伝的に宿命づけられた犯罪人というカテゴリーを認める。この世に生を受けた者のうち、一定の者は犯罪者になるしかないとする生物学的決定論である。

この観点を刑罰思想に移し替えたのが、刑法学者フランツ・フォン・リストの教育刑論になる。教育刑論は、犯罪性や危険性、あるいは反社会性を持つ者を発見し、社会的に役立つ者につくり替えることに刑罰の役割を見いだす。そこでは、刑罰の本質を犯した罪の報い（＝「応報」）とみるのではなくて、罪を犯すような社会的危険性を持つ者を矯正し、更生させること（＝「教育」）とみなす。

刑罰は行為者の危険性を矯正するためにこそ必要だと観念され、その目的は更生であり、そこではもはや、刑罰は、それ自体、一つの教育とみなされるから、「罪と罰」の関係（対称性や比例関係）も問題とならない。

一九世紀も後半に入ると、ヨーロッパでは、すでに前世紀に世界に先駆けて産業革命を成し遂げていたイギリス社会を筆頭に、資本主義経済の発展に伴って様々な社会問題が生じていた。多くの手工業者は近代的設備を備えた工場に駆逐され、工場における大量の賃金労働者を生み出していた。急速な工業化によって都市部に地方から労働者が流入し、労働者階級の困窮も始まっていた。

このような社会経済的変化を受けて、刑事政策の領域でも、生活環境の悪化による再犯現象が飛躍的に増大した。労働者層の子弟を中心に、若年層が窃盗などを繰り返す社会現象が表面化し、また、浮浪者や売春婦などの生活苦を背景にした犯罪も蔓延し、刑罰の無力が露呈しつつあった。かかる新たな問題に対応するべく、刑罰に社会政策を持ち込んだのが、教育刑の考え方だった。そのため、リストの教育刑論は、刑法思想史上、近代派と呼ばれる。

教育刑論は、当初は開明的な側面を持っていたが、次第に暗い陰影を強めていく。

近代派刑法学の場合、考え方の枠組みは、前に見たソクラテスやプラトンの刑罰観(「魂の改善」)に似ているが、ニュアンスはかなり異なる。ロンブローゾの宿命論が色濃く影を落としており、かつ、犯罪者を一個の主体的人格と見るのではなく、対象化するという傾向が強い。犯罪をおこなわれた行為においてではなく、行為者の危険性においてとらえるため、本人に対する刑の効果を追求すればするだけ、危険性診断と再犯予測のための対象化を要するからである。生身の人間を作用対象と見て効果を推し量る一種の疑似科学主義に陥っていった。もはや、人間の自由は問題とならず、生物学的悪性だけが問題とされる。

この意味での再犯防止効果は、ソクラテスやプラトンの「魂の改善」とは区別して、「特別予防」と呼ばれる。

特別予防は、また、個々の反社会性に社会がどう対処するかという観点であるから、それは、すでに出てきた「社会防衛」とも重なる。

「社会防衛」では、犯罪者を社会の異物と見て、その異物性を取り除こうとする傾向が強く、セネカの刑罰観に見られるように、死刑も積極的に肯定される。また、刑罰だけでなく、広く保安処分を用いるという考え方に結びつく。社会の異物は、何も犯罪者に限らないからである(そこから、社会防衛という言葉は、固有の刑罰のみならず、保安処分を含んだ意味で用いられることも多い）。

応報刑、教育刑、威嚇刑、社会防衛

以上を図式化すれば、刑罰をめぐる思想と理論は、およそ、①応報刑、②教育刑、③威嚇刑（一般予防）、④社会防衛（特別予防）の四種に整理できる。

うち、①応報刑と②教育刑の対立は、刑罰の本質をめぐる議論であり（法原理的根拠の対立）、他方、③威嚇刑と④社会防衛は、主として刑罰の効果に関する議論である（法政策的根拠の問題）。

教育刑論と社会防衛（特別予防）とは必然的に結びつくが（②原理＝④政策）、応報刑論と威嚇刑（一般予防）とでは、そのような必然的な関係はない（①原理／③政策）。

応報刑論で一般予防を排除する見解もあり（カント、ヘーゲル）、逆に、一般予防による威嚇刑に立って応報刑論を否定する見解もある（ベッカリーア、フォイエルバッハ）。したがって、応報刑と威嚇刑は区別しなければならない。

他方、必然的に結びつくところの教育刑と社会防衛（特別予防）が、なぜ区別されるかと言えば、個人と社会のどちら側の観点に立つかという立ち位置の違いのほか、次の点がある。すなわち、教育刑では死刑や終身刑は説明が困難となるので、別に社会防衛（特別予防）という考え方を立てる必要が出てくる。死刑はいかなる意味でも教育とは言えない。終身刑も社会復帰という善化目標がなくなり、教育の実質が怪しくなる。教育刑と社会防衛は、この点でニュアンスが異なる。

また、①応報刑と②教育刑は、原理的な対立であるから、どちらか択一的になるが、③威嚇刑（一般予防）と④社会防衛（特別予防）は、刑罰の効果に関する議論であるため、両立ないしは併存可能である（罪を犯した当人に対しては特別予防、他の者に対しては一般予防というのは、十分にあり得る）。

法学の分野においては、いずれの刑法理論にあっても、すべての犯罪と刑罰に自説を貫徹しようとする傾向が極めて強い。そのため、以上の法原理的根拠や法政策的根拠を複眼的に刑罰の議論に反映するような論立ては、一般には取られていない。

が、これらの法原理や法政策を道具立てにして、犯罪と刑罰の配分的適用を論じていた著名な論者もいなかったわけではない。それは、フランツ・フォン・リストで、そこでは犯罪（犯罪者）と刑罰理論の三分類が示されていた。

リストによれば、①その場の状況やたまたまの機会に罪を犯しただけの者に対しては、威嚇刑が機能し、②もともと、社会に適応できない性格、能力、素因、環境など、犯罪につながる状態があって罪を犯した者については、そのうちの改善可能な者に対しては教育刑、③改善不能な者に対しては社会防衛の考え方で臨むべきだとされた。

刑罰の個別化

ところで、教育刑論においては、当の犯罪者の犯罪性、危険性、反社会性が矯正の必要と程度を決めることになるから、人それぞれに応じた「刑罰の個別化」が言われることになる。

近代から現代への移行期の刑罰は、資本主義の発展に伴う貧富の差の拡大、新たに生起した種々の社会問題の洗礼を受けて、素朴な画一化を拒んだ。

それを文学的に象徴するのが、カフカの『審判』の中に出てくる「法の門」(「掟の門」)の挿話である。小説『審判』の終盤には、いかにも「刑罰の個別化」を思わせる、次のような一節が出てくる(フランツ・カフカは、二〇代には裁判所の研修を受けて弁護士見習いをしていた)。

法の門の前には、門番が立っていた。地方から「法」を求めてやってきた男が門番に「門の中に入れてくれ」と頼む。が、門番は「門の中に入れてやることはできない」と言う。男は門扉の脇に座って許可を待ち続けるが、頼むたびに「今は入れてやることはできない」と拒絶される。その門は閉まっているわけではなくて、門番はいるものの、いつも開いていて、中を窺うこともできる。男がこちらから門の中を見る限りは、何の変哲もないようである。しかし、理由のない拒絶が繰り返される。男は、法とは、誰もがいつ何時《なんどき》でも近づくことができるものだと信じていた。そのため、何年も待ち続け、ついに倒れる。男の余命が尽きようとしていた。まさに男に臨終が迫るとき、門番は、そっと男から離れて門を閉めた。

男は「法の門」の前で息絶える直前に、最後の疑問として、それまでに気になっていたことを門番に尋ねる。「この門には、なぜ今日まで自分以外に誰もやって来なかったのか」と。門番は答える。「この門はお前一人のための門だったのだ」と。

カフカの『審判』が書かれたのは、一九一四年のことであり、刑罰の個別化現象がピークを迎えるのも、ちょうどそのころだった。

刑罰の個別化とは、最終的に個々人に宣告される刑が個々人の状況に応じて特化されることを言うから、結局は、裁判における量刑の個別化を意味する。裁判における量刑の個別化は、その前の立法の段階における刑の非固定化（法定刑の緩和）を要請する。

したがって、立法の指針としては、法定刑の幅の拡大が言われることになる。

この点は、応報刑論とは逆方向になる。応報刑論からすれば、罪と罰の関係があらかじめ定められるはずであり、法定刑も限定され、自ずと固定化される。たとえば、カントのように、均衡の秤の法を言う絶対的応報刑論では、殺人罪には死刑のみが定められる。

しかし、それでは、裁判の時点で、当人の犯罪性、危険性、反社会性を考慮して刑を定めることは不可能となる。一九世紀後半になって現れた教育刑論では、刑罰の個別化を実現するために、法定刑は、限定の緩い幅の広いものであることが必要なのである。

ところが、以後、教育刑論に水を差す形で、「監獄の失敗」「刑務所の逆説」が表面化して拡大していった。同じ顔触ればかりが刑務所に繰り返し出入りする病理現象が現れ始め、二〇世紀も半ば近くになると、「刑罰の個別化」も色褪せたものになっていた。

そのはざまの時期に当たる一九世紀の終わりから二〇世紀初めにかけて成立した刑法典には、「刑罰の個別化」の要請を強く受けたものが散見される。それらの場合、法定刑の限定機能を緩め、意識的に刑の幅を持たせている。

そして、なかでも、その影響力を最も強く受けて成立したのが日本の刑法典（一九〇七年公布）だった。そのために、日本刑法の法定刑は、第三章でみたように、著しく幅の広いものになっているのである。

ルーマンの社会システム理論

以上の刑罰思想や刑罰理論は、これまでの日本の刑事裁判で、どのように生かされてきたか。わが国の刑事裁判では、量刑論に関する限り、何も役立っていない。職業裁判官は、それらを無視して量刑をおこなってきた。量刑相場で数字を出せば済むことだからである。また、法的な思考を数字化する仕組みがなかった以上、刑罰思想や刑罰理論を参照しても所詮は虚しいわけであり、職業裁判官にとっては時間の無駄である。だから、そのこと自体は、むしろ、当然だったと言えるかもしれない。

他方、量刑相場を促進し、助長する方向で影響を与えたのが、法のシステム理論だった。刑罰固有の領域を離れた、より一般的な「法」の理論として、現代法学のシステム法論がある。法学の世界では、思想・哲学上の議論がそのまま垂直投下的に投げ込まれてくるという面が強いが、ここでも、現代社会学の一大潮流であるニコラス・ルーマンの社会システム理論がそのまま、法の世界に投影された。また、ルーマン自身が、元は法律実務家であり、一般的な社会システム理論のみならず、自ら、法のシステム理論に言及している。

ルーマンによれば、社会はコミュニケーションを単位とするシステムであり、法は、その下位システム（サブシステム）にほかならない。

システムとしての法は、事態（犯罪、争議、紛争など）を「合法／不法」の基準で識別する「機能」であって、そこに法システムに固有の役割があると同時に、それ以上の実体があるわけではない。法システムは外部の何かに根拠や源泉を持つわけではなく、それ自体に依拠する自己準拠的なシステムである。法とは、時間軸の中で手続として作動する「合法／不法の二分コード」の止むことのない進行である（『法の社会学的観察』『社会の法』）。

ルーマンの社会システム理論では、すべての社会システムは、そのようなものとして存在し、政治システム、経済システム、道徳システムなど、すべてが自律的で自己準拠的であって、相互に流入すべきではなく、結局、社会は、境界づけられたそれらのシステムによって構成される。それぞれの社会システムの意義や規定は、ある意味で形式的な問題にすぎなくなるが、機能するシステムとして見る限り、それで十分であり、むしろ、そこに利点がある（『社会システム理論』）。

ルーマンが社会というものをこのように理解するのは、高度に複雑化した現代社会においては、そのままでは、社会そのものが機能不全に陥るという見方がある。

高度に組織化され、また、流動的な要素も多分に内在する現代社会においては、法、政治、経済などが複雑に絡み合い、現実世界は見通しがきかない困難な状況に立ち至っている。そのような状況で現代社会全体が機能不全に陥るのを避けるためには、法、政治、経済などに、それぞれに固有のシステムとして固有の機能を発揮させなければならない。そのために、もっぱら、機能という観点から、法、政治、経済などが自律的なシステムとして把握されることになる。それでこそ、それぞれのシステムが全体として協働し合うことができるという見通しがある。

一九八〇年代になると、ルーマンの社会システム理論は、生物学のオートポイエーシスの概念を取り入れて、さらに徹底される。

オートポイエーシスは生物の生命活動としての自己産出機能（細胞分裂などの再生産）のことであるが、ルーマンは、この概念を社会学に導入することで、社会構造を固定的に定式化するのではなく、動態的にとらえようとした。社会を動的にとらえ、規範主義的な構成を外すことで、旧守的な社会秩序の色彩をできるだけ薄めようとしたのである。

社会システム理論は、一言で言えば、社会を情報処理システムとみなす考えと言えるだろう。

介護苦殺人と社会システム

たしかに、コンピューター、インターネットなど高度に複雑化し、組織化された現代社会においては、システムとして機能しない限りは、何事も始まらない。

のみならず、システムが真に自律的な仕組みとして機能する限り（「オートポイエーシス」）、そこに、単なるメリットや効果以上の何らかの意義が生じることもあり得る。

それを量刑相場で言えば、自動的な公平性の確保がある。量刑相場が機能すれば、ただ数字（量刑数字）がはじき出せるというだけではなくて、同じような事件が同じような刑になるという「横並びの公平性」が確保されることになる。

また、量刑数字が一見、乱数表的になっていることについても、一応の説明が可能になる。つまり、殺人、放火、強盗、レイプ、横領……など様々な罪が、ひとしなみに懲役刑で処断されることについて、システム内の小システムによる区分という考え方を導入できる。たとえ、横領の刑が殺人の刑より重いという現象が生じたとしても、それは、独立した小システム間の問題である。「罪質の違う犯罪の刑を単純比較しても意味はない」「それぞれの懲役の持つ意味合いが違うのだ」と答えることができるようになる。

さらに、社会システム理論とオートポイエーシスは、量刑論に具体的な示唆をも与える。最近、高齢化社会に伴い、介護を苦にした親子心中などが大きな社会問題となっている。長年の介護に疲れ果て、将来を悲観して親を殺《あや》めたようなケースである。当の本人自身も高齢化していることが多い。量刑論では、無理心中型の殺人事件のカテゴリーに属する。

このような場合、裁判では、情状酌量して執行猶予を付けるかどうかが問題となるが、福祉的考慮を働かせて、執行猶予を付けるより、敢えて短期の自由刑の実刑にした方が、本人のためではないかという議論がある。自殺を防止し、精神的に落ち着かせるには、執行猶予でそのまま自宅に帰して一人ぼっちにするのではなくて、刑務所へ入れたほうがよいというわけである。社会問題としての「介護苦」自体は、明らかに治安問題ではなく、もともとは福祉の問題であるだけに、つい、こういうことを考えがちである。

しかし、このような考慮をやりはじめると、罪と罰の意味も、刑事裁判の意味も滅茶苦茶になりかねない。法システムは、福祉的考慮など外部からの影響を受けずに自律的に機能しなければ、固有の意義を失う。この場合、もし、法システムの固有の原理によって執行猶予付の判決となったとすれば、当人は自宅に帰されるわけであるが、それはそれでよい。その後のフォローは福祉システムに委ねられる。それでこそ、社会の各システムは全体として協働し合って機能する。このように考えるのが、システム論的思考にほかならない。

法と裁判のシステム化の功罪

ルーマンのシステム理論は、優れて現代的な展望をもたらす。オートポイエーシスという生物学の先進的な分析モデルに依拠することによって、近代を越えた現代社会のありようを描き出している。現代社会は、すでに、「消費社会」という資本と権力の新たな変容過程に入ったという見方にも即応している。

また、ホッブズ以来の「秩序問題」(「万人の万人に対する闘争」の中で社会秩序はいかにして成立するかという問題)に対しても、古臭い道徳観念や抑圧的な法権力を持ち出すことなく、洗練された形で一つの回答を与える(すなわち、「オートポイエーシス」)。システム理論は、現代における世界像の機能論的なシフトをたしかにとらえていた。

しかし、システムがほとんどすべてだということになると、法そのものはどうなってしまうのか。また、法の根拠はどうなるのか。反面では、そういう基本的な疑問も出てくる。

ルーマンに言わせれば、法には、言葉の本来の意味での根拠はない。同じく、本来の意味における実質も内容もない。ルーマンは、法の根拠(「源泉」)を問うてはならないと言う(『社会の法』)。

かつては法律実務家であっただけに、もっと具体的に、判決などの裁判の決定についても述べている。ルーマンによれば、その内容が正当であるから人を拘束するのではない。それは、その拘束力を社会が自明のものとみなしているからだと説明される。裁判の手続は、手続であるがゆえに、より正確には、システム内の手続であるがゆえに重視されるのであり、市民の承認や意思などとは関係ないという（『手続を通しての正統化』）。

そして、この傾向は、何もルーマンに限らない。ハンス・ケルゼン、ハーバート・ハートなどといった二〇世紀を代表する法学者が、多かれ少なかれ同じ志向に立つ。

ハンス・ケルゼンは、オーストリア憲法を起草した法実証主義の代表的論者で、「純粋法学」の創始者でもあったが、ケルゼンによれば、法の根本規範は無根拠である。

ケルゼン「純粋法学」では、法体系は階層秩序を成しているとされるが、その最も根底にある根本規範は単なる仮説である。ケルゼンは、法と倫理、法と道徳を峻別し、法と価値観を分離する基本的立場に立つ。法の純粋性を保つために、あらゆる価値判断を法の世界から追放するから、道徳、倫理、正義など何らか価値的なものを根拠として持ち込むことができず、結局、最も根本的であるはずの根本規範が仮説とならざるを得ないのである。

ハーバート・ハートは、第二次世界大戦後の法哲学、法社会学で最も大きな影響力を持った人物であるが、ハートにあっては、さらに先を行く。ハートは、市民は法の根拠を知り得ないと断言する。結局、法の根拠を知り得るのは職業裁判官（ハートの言葉では「公機関官吏」）のみであるとした。

ハートの場合、法の根拠に相当する言葉として『承認のルール』という独特の用語を使うが、『承認のルール』は職業裁判官の実践としてのみ存在する。そして、こうした在り方は社会の全構成員によって無条件で受容されているという。ハートは、一般市民は法の構造や妥当性の基準について正しい考えを全く持ち合わせていないとして、市民は「公機関官吏」のすることを黙認していればよく、それしかないとした(『法の概念』)。

これは、カフカ『審判』の中に出てくる「法の門」の話と同じである。法を求めた男は、最後まで、法の門の中に入ることはできなかった。挿話「法の門」では、門に入ろうとした男は、法とは、誰もがいつ何時でも近づくことができるものだと信じていた。しかし、ハートによれば、その考えは間違いである。男が死ぬまで「法の門」に入れなかったのは、むしろ当然なのである。

ハートの法思想は、『審判』の中の「法の門」の寓話と重なるのみならず、小説『審判』の本編とも、ぴったり重なる。カフカ『審判』では、主人公のヨーゼフ・Kは、法によって召喚されながら、自分が何の罪で訴追され、何が問責されているのか、その内容や根拠を知り得ないままに、手続だけが明晰に進んで行き、ヨーゼフ・Kは、Kなりに、嫌疑を晴らそうと手立てを尽くすが、嫌疑の内容や根拠自体がよくわからないために、それが奏功するはずもなく、最後は、K自身がどこかで予感していたような動物的なやり方で処刑されて終わる。

ハートの立論からすれば、これと全く同じことが起こりかねない。すなわち、市民は法の内容一切を知り得ず、生死の問題も含め、すべて「公機関官吏」の言いなりになるほかないという世界が現出しかねない。が、実際、ハートはそれでよいという。次のように明言している。

「極端な場合、……公機関官吏だけが、法的妥当性にかんする体系の基準を受容したり、用いたりできるといったことになるかもしれない。こうしたなかにあって、社会は惨めにも羊の群れのようなものであるだろう。そして、羊たちは屠殺場で最期をむかえることになるのである。だが、そんな社会はあり得ないと考えたり、それを法体系という名で呼ぶことを拒んだりする理由はどこにもない」（『法の概念』）。

ルーマン対ハーバーマス論争

法と正義の関係をめぐっても、次のように言われる。

ルーマンは、法や裁判を正義や倫理と関連づけることを明確に拒否する。ルーマンは言う。「正義は……今や法の外に在る」（『法社会学』）。

ルーマンの社会システム論では、政治システム、経済システム、道徳システムなど、すべての社会システムは自律的かつ自己準拠的で、それらは境界づけられたものとして存在する。その結果、ルーマンの社会システム論は、法システムと他のシステムを、たとえば、正義（正義論）、倫理（倫理学）、道徳なども含め、それぞれ自律的なシステムとして区分する。言い換えれば、法システムは、正義と切断されるほかない。

ケルゼンも、正義を無用の長物とみなす。自分の知ったことではないと言う。「実際、正義とは何か、人類の美しき夢である絶対的な正義とは何かということなど私は知らないし、それについて語ることもできない」と（『正義とは何か』）。

ケルゼンによれば、人類史上に現れた正義の観念は、プラトンのイディア論やカントの定言命法に見られるように、よくわからない超越的な何かか、そうでなければ、内容空疎な概念でしかない。

このようなニヒリズムの背景には何があるのか。ルーマンが正義について前記のように言う背景には、今日では、もはや市民の知的実践を可能にするような前提条件は失われてしまっているという見切りがある。法に正義や倫理あるいは真理や真実を見ることを放棄してしまっているのである。そのため、現代思想史上、ハーバーマスとの間で、システム理論の真価をめぐる「ルーマン対ハーバーマス論争」を生じた（ユルゲン・ハーバーマス、ニコラス・ルーマン『批判理論と社会システム理論』）。

市民の理性的討議に期待するハーバーマスからすれば、思想・哲学、社会学、法学の諸分野でシステム理論が影響力を強めていくのをそのまま見過ごすことはできなかったに違いない。ハーバーマスも、高度に複雑化した現代社会が機能不全に陥っていることは認める。現代社会は、管理システム、貨幣経済によって個人の政治的、公共的な意識が侵食された社会である。かつて絶対君主や封建的権力に抗して近代を開いた政治的公共圏は力を失い、自由な言論の場は、いまや個々の市民にとって現実性を失っている。その結果、市民は私的領域に閉じこもり、社会全体が閉塞状況に陥っているという。

しかし、それは、ハーバーマスに言わせれば、「行政システム」「貨幣システム」によって個人の能動的な社会参画の意識が侵食された結果なのであるから、このような現状は、システム志向とは逆の市民の自由なコミュニケーションによって打破するしかない（『コミュニケイション的行為の理論』)。

市民が「理想的発話状態」の下に討議できるような、しがらみのない場の復活が喫緊の課題であり、そこで、「未完の近代」の完成へと向けて進むべきことになる(『討議倫理』)。

ハーバーマスは、正義の一つの在り方として「合意形成に向けた討議的正義」を示そうとした。そして、ルーマンのシステム理論は権力に奉仕する人間疎外の理論にほかならないと批判した。

法の正義かシステムの機能か

おそらく、この問題は、もはや理論的な次元を離れている。

現代のシステムは純粋に自律的であることで、はじめて十全にその機能を発揮するとしても、また、そこに価値判断が入り込んだ場合、システムの働きが乱されるおそれがあるとしても、何はともあれ、少しの正義もなしには済まないのが人間本性というものではないか。

思想史に現れた様々な正義観念を見るならば、「善く生きる」(ソクラテス)、「強者の利益」(トラシュマコス)、「魂の調和」(プラトン)、「均等性または中庸」(アリストテレス)、「各人に各人のものを」(キケロ)、「神の意志」(アウグスティヌス)、「最善調和」(ライプニッツ)、「理性」(カント)、「共感」(アダム・スミス)、「自然選択」(ダーウィン)、「最大多数の最大幸福」(ベンサム)、「国家」(ヘーゲル)、「革命」(マルクス)、「力への意志」(ニーチェ)、「存在の真理」(ハイデガー)、「他者」(レヴィナス)、「市場」(ハイエク)、「公正」(ロールズ)、「脱構築」(デリダ)など様々で、帰一するところを知らない。ケルゼンが言うように、その内容もはっきりしない。

また、「正義」の名のもとに、いかなる価値判断が入り込むかもわからない。イラク戦争などで見られたように、大きな正義を語る国家や権力が、しばしば、いかがわしく危険なものを隠し持っていることも事実である。

しかし、そうであるとしても、われわれの精神世界はそれなしには済まない。大きな正義は語り得ない、あるいは語るべきではないとしても、何がしかの正義を求めないではいられない。少しの正義もない世界――それは否定し切ることはできないにしても、耐えることもできない世界観に違いない。

判明した最高裁「量刑検索システム」の誤入力

量刑相場に話を戻したい。

現在、最高裁は、「量刑検索システム」なるものを裁判員に提供する「サービス」をおこなっていることはすでに述べたが、その根本的問題点をもろに露呈する事態が生じた。「サービス」開始早々、データの誤入力が二度にわたり判明したのである。誤入力のあったデータ件数は、合計二〇件以上に上った。

これは、図らずも、量刑相場と先例主義の原理的欠陥をクローズアップすることになった。また、「正義かシステムの機能か」という問題にも、現実的な傍証を与える。

先例主義の場合、参照したデータが誤入力などで誤っていた場合、横並びで、その後の判断すべてが誤りになる。誤りが誤りを呼ぶ「誤りの無限連鎖」である。

いや、誤りが発見されずに、知らず知らず検索が繰り返されるうちに、それが「正しい」ことになり、誤りが正に、不実が真実に、不正義が正義になってしまうとさえ言える。自己準拠的なシステムの帰結である。

そこには、内容の正当性を問わないことの破滅的な危うさが透けて見える。

最高裁「量刑検索システム」のデータ誤入力のアクシデントによって、無根拠性の問題の深刻さが再確認されたと言えるだろう。

諸外国では自由刑にどう向き合ってきたか

量刑数字の謎は、近代精神がもたらしたものである。われわれは、そこに近代の苦悩、自由の苦悩が含まれていることを理解しなければならなかった。求められていたのは、苦悩する精神だったのである。

ヨーロッパやアメリカでは、いち早くそれを知り、そのための実質的な議論を積み重ねてきた。ドイツの量刑スケール論やアメリカの量刑ガイドラインなどが、それである。

精神の苦悩を多分に含むはずの「罪と罰」「法の裁き」の中身をいかにして数字で表すか、それはよほどの議論の積み重ねがなければできることではない。テーマは法的思考の数字化であるが、数学のように関数で表すことができない以上、ヨーロッパやアメリカでも、まだ、それに十分に成功しているとは言えない。自由刑の苦悩に正面から向かい合いながら、数字化の原理の導出に苦しんでいるというのが現状である。

ところが、日本では、職業裁判官による官僚司法の時代、自由刑の苦悩に自ら目を背け、先例主義と量刑相場に寄りかかり、一切のあるべき努力を放棄してきた。ただひたすらシステム化の道を突き進んできたのである。本質を忘れて、機能の効率化の道に逃避していたとも言える。

現代社会において、システムそれ自体が大きな意味を持つことは事実である。「機能へ、システムへ」という志向は、世界共通の事柄でもある。また、先例主義自体も、程度の差こそあれ、各国共通のものであり、その意味で、どの国でも量刑相場に近いものが存在する。そして、どの国でも、その量刑相場を活用して自由刑の数字を決めている。が、日本では、量刑相場を上手く機能させることだけに目を奪われ、「相場」を極限まで精密化することで自足してきた。

刑事裁判の中の市民感覚のゆくえ

裁判員時代における量刑はどうあるべきか。いや、自由刑の量刑の在り方はどうなるのか。もっと言えば、九〇パーセントの刑事裁判の意味はどこにあるのか。

いまや、「意味」から機能へという流れ、システムへの志向、それ自体を否定することはできない。たとえ、それを否定したくともできないというのが、われわれの生きる現代という時代なのだろう。しかし、やはり、システムだけでは、どうしても足りない。正義論の観点から、それに何らかの「意味」をつけ加える必要がある。

その「意味」は、もちろん、市民感覚をおいてほかにない。が、量刑相場も否定されない。とすると、どうなるのか。

量刑相場は市民感覚の後景とされるべきなのである。つまり、市民感覚は量刑相場を前提とする。所与の場として量刑システムを利用する。全体としての量刑相場を否定しまうと、市民感覚自体が行き場を失う。

それは、「舞台と役者」の関係のようなものである。舞台以外で演技しても演劇は成り立たない。量刑相場を否定してしまうと、舞台の袖で演技することになりかねない。あるいは、「画竜点睛」と同じである。市民感覚は、量刑相場という竜の絵の最後に睛《ひとみ》を入れるようなものである。そこに墨を点ずることで、はじめて画竜は完成し、精彩を帯びる。しかし、絵の外に点じたのでは、ただの黒い染みに終わらざるを得ない。

量刑相場を革新するのではなく、その中で修正原理として市民感覚を生かすのである。それは部分的で僅かかもしれないが、なくてはならないものであり、その意味で根本原理と言える。

そして、ここまで行論が至ったところで、本書の初めの部分で取り上げたもう一つの大きな問題にも、同時に答えが出たことになる。第一、二章では、日本型刑罰システムの特異性を取り上げ、国際的に賞賛されるその成功について見たうえ、「生き物」としての一国の刑罰システムをいかに扱うかという課題を提出した。ここでも、僅かな変化が大きな意味を持つ。裁判員が犯罪被害者の心情に「共苦」の気持ちで応える場合、厳罰の方向に向かうのは少しでよいのである。結果として現れたところは量的に少しであっても、それは刑事裁判を深いものにするはずである。

討議的正義——合意とプロセスの地平へ

ハーバーマスは、大きな正義は語らなかったが、「合意に向けた理性的討議」という、控えめで謙抑《けんよく》的な正義観念を提示した。

市民が、しがらみや上下関係を離れた場で、「理想的発話状態」の下に、理性的な討議を重ねることの重要性が強調され、そのような理性的討議の結果、合意に至ることができるならば、その合意を真理とみなし、その過程を正義とみなすことができるとの基本構想が開示された。そして、そのための論証が重ねられてきた（『公共性の構造転換』『コミュニケイション的行為の理論』『近代——未完のプロジェクト』『討議倫理』『事実性と妥当性』）。

これは、現在の日本の裁判員制度をめぐる状況にそのまま重なる。裁判員制度は、まさに、法廷という、一切の人間関係上のしがらみも社会内の力関係も離れた場で、市民が世間的思惑や経済的利害にとらわれることなく、「罪と罰」の在り方について理性的な議論を重ねて一つの合意に至ることを想定する制度である。

本書のテーマである自由刑の量刑について言えば、合意としての量刑数字に至ることが目的とされ、その議論の場においては、市民感覚と量刑相場が協働する。

市民感覚は、量刑相場を前提として、量刑システムという所与の場において、部分的な修正原理として生かされるべきである。かつ、また本質的には、根本原理として生かされなければならない。

では、具体的に、どうやって、どのような形で、それが可能になるのか。そのことを示すのが、次章以下、これからの本書の行論となる。

以下の行論では、既存の量刑相場の中で市民感覚が発揮されるべきテーマを「討議的正義」の語で表す。また、後景となるべき量刑相場を指して、肯定的な意味合いで「量刑相場のオートポイエーシス」という。量刑相場は、すでに述べたように、何がしか積極的な面を持たないわけではない。それを指している。

すなわち、次章以下では、「量刑相場のオートポイエーシス」の中に「討議的正義」が点在するイメージで全体像を描き出す。これは、何より、自由刑の量刑論の具体的イメージを明確に提示するためである。が、それとともに、この二つの用語には、現代思想の二つの潮流を象徴させている。量刑論の進みゆきの中で、ルーマンのシステム理論とハーバーマスの「討議倫理」を思い浮かべてもらうためでもある。

なお、次章以下で取り上げる犯罪分野は、裁判員裁判の対象となる重罪を中心としている（裁判員裁判の対象となる主要なものは、罪名で言えば、殺人罪、傷害致死罪、強盗致死傷罪、強姦致死傷罪、強制わいせつ致死傷罪、保護責任者遺棄致死罪、監禁致死罪、危険運転致死罪、現住建造物放火罪、通貨偽造罪、覚せい剤取締法違反になる）。

第七章

「汝、殺すなかれ」の罪と罰

なぜ人を殺してはいけないか

「汝、殺すなかれ」、なぜ人を殺してはいけないか。それに対する答え方は、法と裁判の世界では、大きく分けて二通りある。

一つは、人間社会とはそういうものだという言い方であり、問い「なぜ人を殺してはいけないか」に対する答えは、「そういうことを問うてはならない」となる。これが一つの答えと言えるのは、ケルゼンのような法思想が存在するからである。ケルゼンによれば、法の「根本規範」は無根拠だった。法の最も根本的な規範には根拠はないのである。殺人規範（殺人の禁止）も同じである。

別の答え方は、「汝、殺すなかれ」には、人間存在、あるいは社会の成り立ちにかかわる根源的な根拠があるというものである。殺人規範に根拠があるという見解は、その根拠をめぐって、さらに二通りに分かれる。

まずは、「相互性の原理」がある。「あなたやあなたの家族が殺されるのがいやであれば、あなたも他人にそれをしてはならない」という説明である。

もう一つ、ニュアンスの異なる説明の仕方があり、それは、「共存在の原理」と呼ばれるものである。人間は深いところでは繋がっているという考えで、「人間存在は互いに本当の意味でわかり合えるはずだ、あるいは、わかり合える可能性を持つ」という説明である。人が他人を手にかけようとするとき、人によって程度の差こそあれ、必ずや生命に対する根源的なおそれが生ずるに違いない。それは、人は自然の本能で「人間が共存在であること」を知っているからだと説明される。言い換えれば、「人を殺《あや》めることは自分を殺すことだ」(正確に言えば、「自分の生の根源的可能性を殺すことだ」)というわけである。一種の同一化思想と言える。

これらの説明は、いずれも、完全ではない。相互性の原理は、「自分は、もう死んでもいい」と言う人(自暴自棄)や、「自分が殺されるのはいやだが、他人を殺すのはよい」と本気で考える人(殺人哲学)にとっては意味をなさない。また、共存在の原理は、人を殺めることに少しの心の慄《おの》きも感じない特殊な人(人格障害)には通用しない。

しかし、殺人の罪と罰を考える上では、重要なキーポイントとなる。

たとえば、「汝、殺すなかれ」に根源的根拠を肯定する立場からは、理念型としての殺人、あるいは典型的な殺人というものを導き出すことができる。ケルゼンのような考えでは、殺人規範は無根拠であるから、その試みは不可能であり、無駄でもある。が、「相互性の原理」なり「共存在の原理」からは、別の可能性が出てくる。殺人とは何か、徹底的に考えれば、それは明らかになるはずなのである。

量刑論において、殺人の理念型が重要なのは、次の理由による。殺人の禁忌侵犯性は人間の生命価値に直接かかわるわけであるから、その刑の決定を量刑相場の中で考えるにしても、単なる「相場」数字で終わらせるわけにはいかない。「汝、殺すなかれ」の禁忌侵犯の基本形とは何か、その刑はどのくらいになるのかを倫理や社会正義との結び目として押さえておく必要がある。

問い「なぜ人を殺してはいけないか」に対する答え方によって、殺人の理念型は変わってくる。

「正義の殺人」とは

正義の殺人があるかという問題も、この点にかかわる。問い「なぜ人を殺してはいけないか」に対する答え方によって違ってくる。

まず、正当防衛による殺人はどうか。正当防衛殺人は、法的にはもちろん、宗教的な意味においても、「罪」ではあり得ないが、それは、やむにやまれぬものだからなのか、それとも、正義の殺人だからなのか。

正当防衛が認められるのは、自分の身を守るためだけに限らない。日本の刑法では――先進諸外国も同じなのであるが――第三者のためにする正当防衛も認めている。そして、その第三者とは、家族やその他親しい関係にある人に限らず、赤の他人であってもよい。つまり、全くの他人が誰かから生命の危険を受けそうな場合には、その誰かを殺してもよいのである。

第三者のためにする正当防衛が認められていることは、正義の殺人を肯定しているように見える。正当防衛とは言っても、もはや、自分や家族の身を守るためにやむを得ずおこなう場合とは乖離している。赤の他人のために防衛殺人を敢えておこなうことも、おこなわないこともできる局面だからである。その局面で、敢えておこなうことを正義となしているように見えるのである。つまり、積極的に殺人を推奨しているようにも見える。

また、この正当防衛規範の立て方は、相互性の原理（「あなたやあなたの家族が殺されるのがいやであれば、あなたも他人にそれをしてはならない」）からは説明が難しい。

第三者のためにする正当防衛の場合、その第三者とその者のために正当防衛をおこなう者は、共存在として繋がっているからこそ、「正当」と認められるのだと考えるほかないように思える。もはや、相互性の局面（「あなたやあなたの家族が……」）ではなく、同一化思想の領域でしか、うまく説明できそうにない。

他方、共存在の原理からは、正当防衛規範自体は説明できるかもしれないが、しかし、そうなればそうなったで、もともとの「汝、殺すなかれ」との関係で見逃せない問題を生じる。奨励された殺人（＝殺人奨励）は、「殺すなかれ」の戒律と矛盾するのではないか。

そこから、法文上、第三者のための正当防衛が認められているにもかかわらず、正当防衛殺人が許されるのは、あくまで「やむにやまれぬものだから」であるとみなし、殺人規範の禁忌侵犯性を堅持しようとする考えを生ずる。わが国刑事法学の最高権威をはじめとして、そのような見方は根強い（団藤重光『死刑廃止論』有斐閣）。これは、無理を承知で問題を相互性の原理に収めようとする見解と言えるだろう。

以上の根本問題が、実際の裁判のどのような場面で現れるかと言えば、それは、第三者のための過剰防衛で問題となる。

防衛殺人がいきすぎた場合には、正当防衛で無罪とはならずに、過剰防衛となり、過剰防衛は有罪であるため（有罪であるけれども法律上減軽ができる類型）、量刑論の範疇となる。いきすぎなければ、いずれにせよ、正当防衛が成立して無罪であるが、赤の他人のためにやりすぎた場合に、その量刑をどう考えるかという形で、防衛殺人の本質論が問題となるわけである。

驚くほど多い家庭内殺人

啓蒙期の刑法思想は、犯罪を「社会契約」の違反であり、市民社会の法益の侵害としてとらえたことは、すでに出てきた。

このような観点からすると、親族間の家庭内殺人などは特殊性を帯びることになる。被害が家庭内にとどまっており、市民社会に及んでいないからである。もっと具体的に言えば、その特殊性は被害感情の点に端的に現れる。家庭内殺人では、被害者遺族は同時に加害者の家族でもあるわけだから、その処罰感情は通常の場合とは大きく異なる。自分の兄弟など、近しい家族に対して厳罰を求める者は稀である。寛大な刑を望むことが圧倒的に多い。

ところが、犯罪学的に見た場合には、家庭内殺人や親族間殺人を指して特殊とは為し難いところがある。殺人事件全体のうちで、それらの殺人が、かなりの割合を占めているからである。

アメリカの著名な犯罪学者の調査によれば、殺人の三分の二は親しい知人間でおこなわれていて、しかも、そのうちの約八割は家庭内で発生したものだと言われる。そして、家庭内の殺人の中身を分析した結果、総じて「女性の被害者は寝室で殺され、男性の被害者は台所で殺される」と言えるのだという（ウォルクガング『殺人罪のパターン』）。

日本でも、統計上、殺人事件の五〇パーセント近くが親族間で起きている（表7―1「被害者との関係・親族率〈殺人、傷害致死、強盗、強姦、放火〉」）。

そのため、これまでは、家庭内殺人あるいは親族間殺人を特殊なものとみなす発想は、あまり

表 7-1　被害者との関係・親族率・面識率〈殺人、傷害致死、強盗、強姦、放火〉

① 殺人
(昭和 55〈1980〉年～平成 21〈2009〉年)

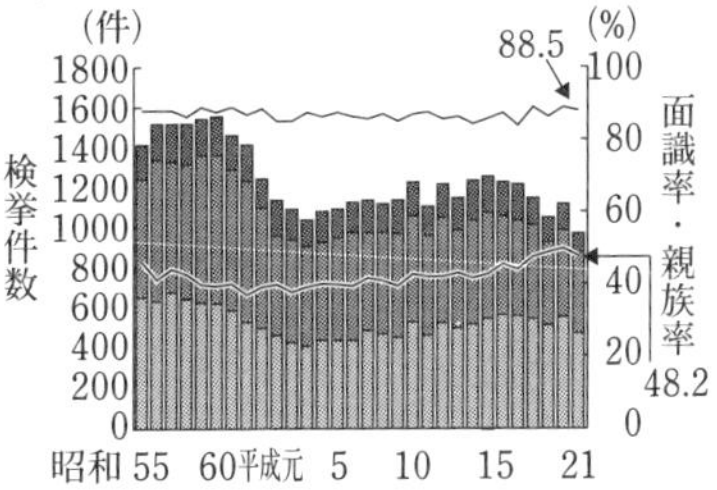

② 傷害致死
(平成元〈1989〉年～21〈2009〉年)

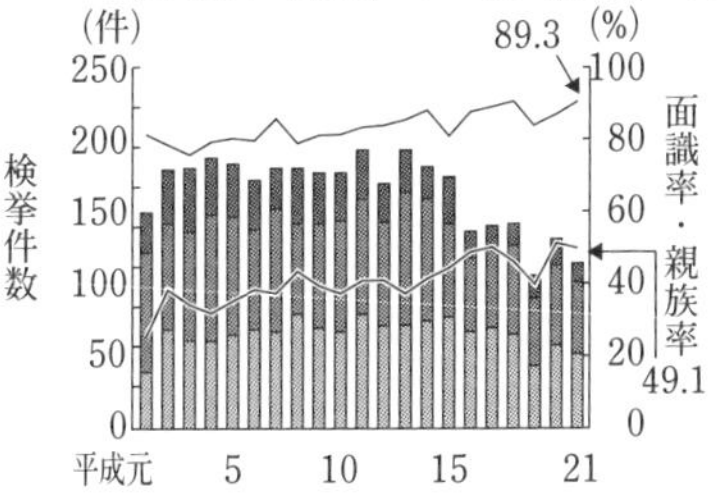

③ 強盗
(昭和 55 年～平成 21 年)

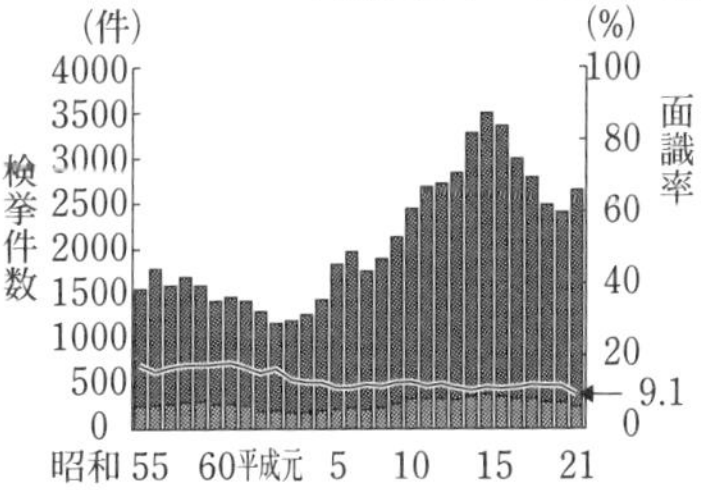

④ 強姦
(昭和 55 年～平成 21 年)

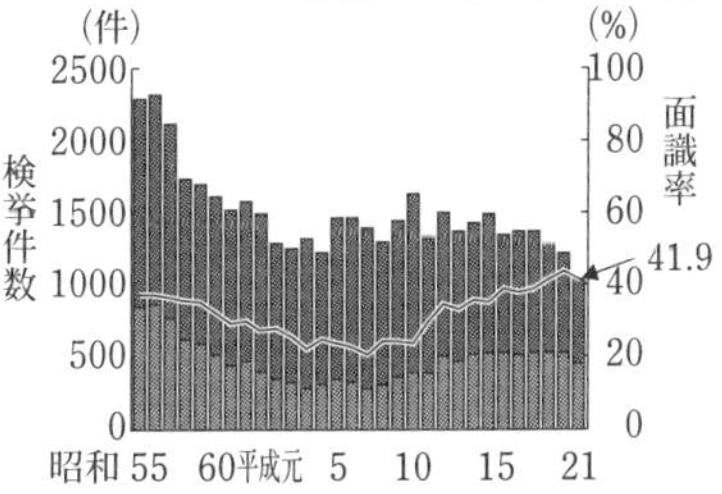

⑤ 放火
(昭和 55 年～平成 21 年)

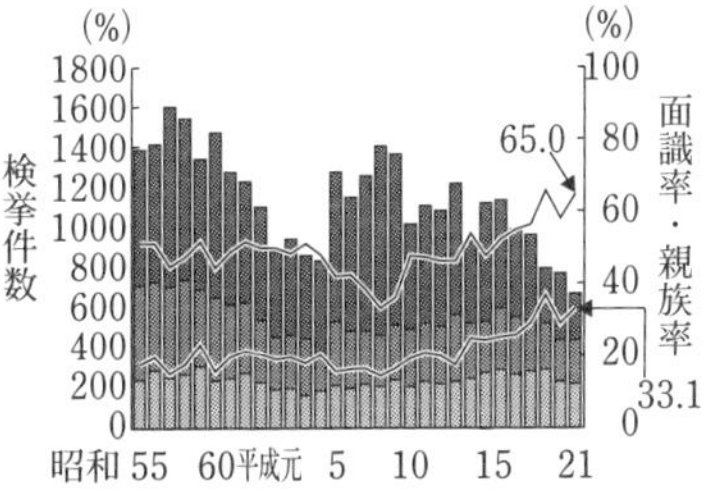

▒ 親族 ▒ 面識あり ■ 面識なし ／面識率 ・親族率

注 1　警察庁の統計による
2　捜査の結果、犯罪が成立しないこと又は訴訟条件・処罰条件を欠くことが確認された事件を除く
3　被害者が法人その他の団体である場合及び被害者がない場合（殺人予備等）を除く
4　一つの事件で複数の被害者がいる場合は、主たる被害者について計上している
5　「面識あり」は、友人・知人、職場関係者、交際相手等の面識者をいい、親族を含まない
6　「面識率」は、検挙件数に占める被害者が被疑者の親族及び親族以外の面識者である事件の比率である
7　「親族率」は、検挙件数に占める被害者が被疑者の親族である事件の比率である
8　「傷害致死」は、統計の存在する平成元年以降の数値を示した

強くなかった。

世の中の殺人事件の実際

もう少しだけ、統計によって、日本の殺人の実際について踏み込んでみたい。

約半数近くが親族間で起きているわけであるが、その内訳的には、親殺し、子殺し、妻殺しが同じ程度に多く、これに対して、夫殺しは、やや少なくなっている（表7―2「親族間殺人事件の被害者内訳」）。

親子間、配偶者間のいずれで生ずることが多いかという観点では、前者の方が多いこともわかる。

また、親族間を含め、ほとんどが、面識がある者との間で生じていて、全く面識がない被害者が殺害されるというケースは、一割程度にすぎない（表7―1「被害者との関係・面識率〈殺人、傷害致死、強盗、強姦、放火〉」）。行きずりの殺人は稀であることがわかる。

計画的殺人か衝動的殺人かという点では、統計資料（表7―3「殺人事件の動機別分類」）によれば、やはり、一時の激情による衝動的殺人が多い（なお、表7―1と表7―3の「主たる被害者との関係」では調査方法が違っており、連続しない面がある）。

また、介護苦（「介護・養育疲れ」）が相当の割合に上っていることが注目される（表7―3）。総数の一割近くになっている。この統計（表7―3）はサンプル数が少ないので、誤差範囲を大きく取る必要があるが、その点を踏まえても、日本社会の中で予想以上の大問題になっているこ

表 7-2 親族間殺人事件の被害者内訳

（昭和 55〈1980〉年〜平成 21〈2009〉年）

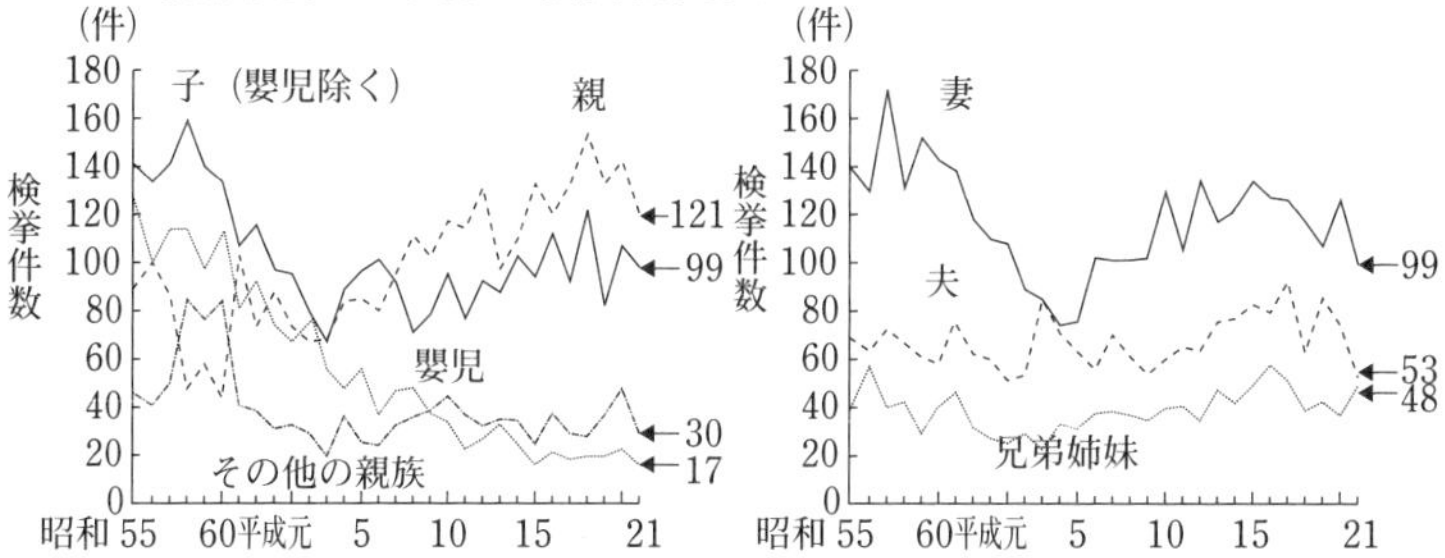

注 1 警察庁の統計による
 2 平成 8 年については、配偶者の内訳を示す統計が存在しない
 3 「その他の親族」は、親、子、配偶者及び兄弟姉妹以外の親族である

表 7-3 殺人事件の動機別分類

区分		総数	主たる被害者との関係			
			親族	面識あり	面識なし	不詳
主たる動機	憤まん・激情	100	23	61	14	2
	報復・怨恨	27	8	19	-	-
	痴情・異性関係トラブル	22	5	17	-	-
	利欲目的	8	1	5	2	-
	暴力団の勢力争い等	24	-	18	4	2
	検挙逃れ・口封じ	6	-	2	4	-
	介護・養育疲れ	19	19	-	-	-
	心中企図	5	5	-	-	-
	虐待・折かん	3	2	1	-	-
	被害者の暴力等に対抗	11	3	8	-	-
	その他	13	5	6	2	-
総数		238	71	137	26	4

注 1 法務総合研究所の調査による
 2 「暴力団の勢力争い等」は、暴力団内のトラブル及び暴走族間（内）のトラブル等を含む
 3 「その他」は、本人に直接の動機がなく共犯者に従属して犯行に及んだもののほか、被害者の嘱託、動機不明等を含む
 4 「面識あり」は、友人・知人、職場関係者、交際相手等の面識者をいい、親族を含まない

とは間違いない。

ほかには、男女関係のもつれや暴力団抗争が多い。表7―3の動機別分類を総合すると、冷酷に殺人を犯すというのは稀であることが窺える。

「重い」「軽い」の議論の意味

量刑論では、刑を重くすべきか、軽くすべきかが議論される。しかし、われわれは、「重くすべきだ」「軽くすべきだ」と言うことによって、何を表明し、何を伝達しようとしているのか。

そもそも、何を基準に「重い」「軽い」を言うかという問題がある。

およそ、人が、具体的な犯罪事例（「α」）を前に、その事例の刑が「重くなる（べきだ）」あるいは「軽くなる（べきだ）」と言う場合、何かを基準に「重くなる」「軽くなる」と言っているはずであり、そうでなければ、法的議論としては意味をなさない。ただ、漠然と「重い」「軽い」を言っているだけでは、単に印象を述べているにすぎない。

どのような刑になるかという議論をしようとするとき、人は、暗黙理に尺度的な「何か」を念頭において（「X」）、それとの比較で「重い」「軽い」を言っているはずなのである。

意味ある議論として成立するためには、前提として、何か基準となるもの（基準実体）がなければならない。もし、「典型的な殺人」と言われて思い浮かべるものがまちまちだとすれば、大変困った事態となる。

では、実際に、「典型的な殺人」と言われて、何を思い浮かべるか。

「殺人」と言われて何を思い浮かべるか

ある人にとっては、それは、ジョージ・スティーヴンス監督のハリウッド映画『陽のあたる場所』のように、足手まといになった女性との仲を清算するための殺人かもしれない。それは、裕福な美貌の女性を手に入れるために敢行した、それほど美人ではない今の貧しいガールフレンドに対する殺人である。

映画『陽の当たる場所』で描かれている事件というのは、貧困層の若者がボートの転覆事故に見せかけて付き合っていたガールフレンドを湖で溺死させて殺害したというものだった。主人公のジョージは、田舎から都会に出てきて工場で働いている若者で、同じ工場で働く貧しい女工をガールフレンドにして、つつましいけれどもそれなりに幸せな青春を送っていた。ところが、ふとしたことから富豪の令嬢と知り合い、その圧倒的な美貌に魅了され、また、それまでは知らなかった華やかな富裕層の世界を垣間見て、強い憧れを抱くようになる。そのうえ、知り合った富豪の令嬢は、若者のナイーブなところに惹かれ、次第に好意を見せるようになる。そうなってみると、これまでつきあっていたガールフレンドが急に色褪せて見えてくる。そのうちに、そのガールフレンドが妊娠したことがわかり、ますます、彼女のことが重荷に感じられ、嫌気が差してくる。若者は、ついに上流階級へのステップに足をかけるため、妊娠したガールフレンドを湖で溺死させようと考えるに至る。

また、別の人にとっては、思い描くのは、レマルク『凱旋門』の中に出てくるような、亡き恋人のための復讐心からの殺人かもしれない。

それは、自分の恋人を性的に虐待して死に至らしめた相手に対して敢行した、男としての尊厳を取り戻すための殺人である。

『凱旋門』の主人公は、ナチスの迫害をのがれてドイツからフランスへ亡命した医師だった。亡命医師のラビックは、ある日、パリの街角で、ドイツ時代に自分と恋人を拷問し、恋人を性的虐待のすえに死なせた元ゲシュタポ隊員の姿を目にする。ラビックの心は、復讐に燃える。復讐相手の男が自分のことを覚えていないのを利用して、歓楽街で男に巧みに声をかけ、高級娼家に案内してやると偽って車に誘い込む。そして、隙を見て、車に乗せた男の頭をスパナで打ちすえる。相手が虫の息となったところで、最後は、復讐の証しに自らの手で男の首を絞めて殺害を遂げる。殺人犯となったラビックは、しかし、「これ以上、男として何を望むことがあろうか」と呟き、昂然と顔を上げて歩きだす。

あるいは、それは、カミュ『異邦人』に出てくるような、その時の状況に半ば反射的に反応した「状況的殺人」かもしれない。

『異邦人』の主人公ムルソーは、ふとしたきっかけでアパートの隣人とアラビア人との間の諍《いさか》いに首を突っ込み、浜辺でアラビア人が匕首《あいくち》を手にしているのを目にして、灼熱の太陽が照りつけるなか、われ知らずアラビア人を撃ち、法廷で裁判長に動機を尋ねられると「太陽のせいだ」と叫ぶ。

はたまた、フランシス・フォード・コッポラ監督の映画『ゴッドファーザー』のような、強烈な暴力衝動の爆発としての「バイオレンス殺人」かもしれない。

何を思い描いて、つまり何と対比して（「X」）、「重い」「軽い」と言っているかにより、「重い」「軽い」の意味自体も違ってくる。

「重い」「いや、軽い」と意見が分かれたとしても、心のうちが次のような状態であれば、どうであろうか。

「重くなる」と言う人が、殺人の典型的イメージとして、『凱旋門』の「虐殺された恋人のための殺人」を思い描き、それとの対比で、傷心の亡命医師ラビックよりは罪は重いと言っており、「軽くなる」と言う人は、『陽の当たる場所』の「足手まといになった女性を亡き者にするための殺人」を思い描き、それとの対比で、手段を選ばぬ野望青年ジョージよりは罪は軽いと言っているとすれば、実は、二人の意見は一致しているのかもしれない。

他方、同じく「重くなる」と意見が一致したとしても、ある人は、『異邦人』の反射的反応に近い「状況的殺人」を思い描き、別の人は、『ゴッドファーザー』の暴力衝動の爆発としての「バイオレンス殺人」を思い描き、それぞれの対比で「重くなる」と言っているとすれば、実は、必ずしも意見が一致しているわけではない。

これらの状況下では、「重い」「軽い」の議論自体が正しく成り立っていないのである。

最高裁「量刑の意識調査」の顚末

この関係では、最高裁がおこなった「刑の軽重」に関する意識調査なるものがある（最高裁司法研修所「量刑に関する国民と裁判官の意識についての研究——殺人罪の事案を素材として」〔平成一五年度司法研究〕法曹会〕。

が、その調査には、全体（目的、手法、結果のすべて）において、量刑の乱数表的無根拠性が噴出している。その調査内容は、ほとんど無意味と言うほかない。

たとえば、その問20では、a「被告人が罪を認めて反省している場合」、b「被告人がうそをついて反省していない場合」と二項対立を立て、調査の結果、aは軽くする要素であり、bは重くする要素であることが国民意識として確認されたとしている。が、かかる調査は、トートロジーないしは結論先取りの代物にすぎない。

のみならず、「何に対して」という事柄（つまり、前述の「X」に当たる事柄）を少しも明確にし得ないままに調査しているために、多くの部分で、回答自体が無意味化している。

その問15では、a「被害者遺族が被告人に重い刑罰を望んでいる場合」、b「被害者遺族が被告人を許している場合」と二項対立を立てている。前同様の設問の立て方であるが、ここでは、a・bいずれについても、調査対象国民の約五〇パーセントが「どちらでもない」と回答したとのことである。

この設問は、おそらく、当局の側では、先の問20同様の結論先取りを目論んでいたところ、聞かれた市民の側では、「何」に対して重くなるか、軽くなるかわからずに戸惑い、「どちらでもない」と答えることになったのだと思われる。

さらには、同じ事情によって、滑稽な事態になっている例もある。

問21では、a「被告人が被害者遺族に対して謝罪している場合」、b「被告人が被害者遺族に対して謝罪し、賠償している場合」にどちらの方向に作用するかが聞かれた。もちろん、当局では、結論先取りで、「軽くなる」「さらに軽くなる」を期待していたのであろうが、いずれについても、「重くなる」と回答した市民がかなりの程度いたという。

おそらくは、殺人を犯したのであれば、謝罪し、賠償するのは当然であり、そのうえ、頭を丸めて贖罪寄付ぐらいして反省の意を表すべきだというような前提を取ったのだと思われる。そのような前提に立って、問いの程度では不十分と判断したのだろう。

問13では、「被害者の落ち度」がどちらの方向に作用するかが聞かれた。ここで、「被害者の側に落ち度があった場合、被告人の刑は重くなる」と回答した市民が一定程度いたという。

たぶん、被害者にいくら重大な落ち度があったとしても、それで刑を軽くすることはできないという前提に立って、単なる通常の意味での落ち度があるにすぎない場合には「刑は重くなる」と回答したのだろう。そうとでも考えない限り、合理的には理解し難い。

問3「被告人が十代の未成年者の場合」も、同様の結末になっている。ここでは、「被告人が未成年者の場合には、刑は重くなる」と回答した市民が相当割合に上り、「軽くなる」を上回ったという。

おそらく、「何」に対して重くなるか、軽くなるかが不明瞭なために、巷間言われている「未成年者犯罪の凶悪化」に対して厳罰で対処すべしというような趣旨で、一般論的に「重くすべきだ」と回答したものと推し量れる。

問6「被告人の不遇な生い立ち等の家庭環境」についても、「重くなる」と回答した市民がいたという（これも前同様の一般論的な答え方とみられる）。

調査によって国民の意識を云々する以前に、調査方法自体に大きな欠陥があると言わざるを得ない。

殺人の理念型

こういうわけで、殺人罪の量刑論に関しては、犯罪基準実体という道具概念がどうしても必要となる。社会学で言うところの「理念型」である。

それは、量刑相場を実質的な「正しさ」の観点から補い、担保するという意味でも本来必要不可欠なはずだった。本書の立て方で言えば、この点は、量刑相場のオートポイエーシスの中における「討議的正義」にほかならない。

それでは、殺人の犯罪基準実体ないしは理念型とは何か。前にも少し触れたが、そこには、「汝、殺すなかれ」の根源的根拠が関係してくる。

殺人の理念型という場合、それは、第一に、偶発的で衝動的な殺人になるだろう。

戒律「汝、殺すなかれ」を相互性の原理とみるにせよ、共存在の原理とみるにせよ、その名宛人は、まずは、人間的衝動に思わず負けてしまうような人である。普段の状況下では殺人はいけないと思いつつ、一時の激情を抑えられずに衝動的に戒律を破ってしまう者に向けられている。つま戒律をかいくぐり、規範の裏をかこうとする者が主要な名宛人かと言えば、そうではない。つまり、計画的殺人を理念型とするわけにはいかない。実際問題として、統計上も、計画的殺人は少なく衝動的殺人が多いことは、すでに見た。

第二に、被害者が「純然たる犠牲者」の場合になる。もともと、戒律や規範は、加害者と被害者を截然と区別したうえで示されている。

第三に、しかしながら、戒律や規範は、加害者を特殊視（「怪物視」）するものではない。あくまで同じ市民社会の構成員に対して発せられる命法であり、「呼びかけ」という意味を持つ。つまり、犯罪者的人格ではないにもかかわらず、加害者となってしまったような場合が、破戒の典型となる。

また、それは、言ってみれば、カインとアベルの間でおこなわれた殺人、ロムルスとレムスの間の殺人である。カインとアベルの兄弟は神（ヤハウェ）へ捧げ物をしたが、ヤハウェはアベルの供物にしか目を留めなかった。それを嫉《そね》んだ兄カインは、弟アベルを野原に誘い出して殺害した。伝説上ローマ建国の祖とされるロムルスとレムスの双子の兄弟は、ローマの礎になる都市の城塞の囲いをめぐって争いとなり、兄ロムルスが弟レムスを殺す。

こうした単純にして素朴な、しかし、現代においても人間感情において完全には免れることのできない、古代から続く普遍的な殺人が念頭に置かれていると言える。

結局、

①被害者の数が一人で

②偶発的（衝動的）に生じたもので

③しかし、はっきりとした殺意が認められ
④被害者側に落ち度がなく
⑤被告人にさしたる前科がない
の五要素を満たす殺人になるだろう。

この①～⑤によって規定される「X」は、いわば、「純然たる犠牲者を出した言い訳のできない殺人」であるけれども、しかし、「特殊な犯罪者的人格でなくとも起こしてしまうかもしれない衝動的な殺人」を指し示している（③④→「言い訳のできない明確な殺人」、①⑤→「特殊な犯罪者的人格による殺人ではない」）。

このような殺人の理念型は、刑罰の理念型と言うべき殺人罪の法定刑の中間（殺人罪の法定刑の有期懲役「懲役五年以上二〇年以下」→一二～一三年）に対応していると考えられる。

すでに述べたように、職業裁判官による官僚司法の時代、量刑相場に頼っていたとはいえ、裁判官の頭の中には、何とはなしに想定していた「標準的殺人」があった（第四章）。そして、そのような殺人事件の場合、刑罰は一二～一五年ほどの範囲で動いていることを見た。

これは、もちろん、殺人の理念型そのものではないが、当たらずといえども遠からずとは言えるだろう。その意味では、量刑相場のオートポイエーシスはそれなりに機能していたと言えるかもしれない。

なお、上記③で、「はっきりとした」殺意とあるのは、確定的殺意を指している。殺意の種類には、確定的殺意と未必《みひつ》的殺意の別がある。未必的殺意（未必の殺意）とは、「殺してやる」という意思までは認められないが、「死んでもかまわない」という心理状態は存在することで、特殊な殺意の一形態とされる。それは、確定的殺意の対《つい》概念として、上記③との対比で、殺人罪の刑を軽くする要素になるわけである（なお、量刑論を超えた刑事裁判全体の次元で言えば、未必的殺意の機能ないしは狙いは、結果の発生を単なる可能性としてしか認識していなくとも、それでもかまわないという心理があれば殺意があったとみなすことにあり、そのための法技術にほかならない）。

以上は、試論であり、もちろん確言ではない。それ自体が、「討議的正義」として、市民裁判において議論の対象となるべき事柄である。そして、それによって決せられるべき事柄である。内容自体が動き得るものであり、本書は、その外郭を示すにすぎない。

たとえば、殺人の理念型「X」については、以上のほかに、第六の要素も問題になり得る。すでに出てきた「家庭内殺人」の位置付けであり、それを特殊と見るかどうかである。殺人の原型は、市民社会における法益侵害であるとして、⑥「被告人と被害者の関係が親族でないこと」を基本要素につけ加えることも考えられる。いずれにせよ、市民裁判による「討議的正義」の実践に委ねられる。そこには、市民社会における市民の犯罪観がかかわる。

理念型による量刑論の原理

とまれ、殺人の理念型「X」が措定されたと仮定する。その後の量刑論の道筋はどうなるか。量刑の考慮要素、つまり、量刑論議における「重い」「軽い」の諸要素は、その多くが、「二項対立」で表すことができる。たとえば、「計画的＝偶発的」「確定的殺意＝未必的殺意」「金銭目的あり＝なし」「前科あり＝なし」「被害者の落ち度なし＝あり」等々である。

そして、この「二項対立」は、ほとんどの場合、自明である。前項が後項に対して刑を重くする方向に働くことは明らかである。

そのため、一面では、量刑論では単純な「二項対立」でことを済ませるわけにはいかないのであるが（下手をすると、トートロジーないしは結論先取りになりかねないのであり、この欠陥は、前に出てきた最高裁の意識調査において典型的に現れていた）、反面では、殺人の理念型ないしは犯罪基準実体「X」が一たび措定されると、その「二項対立」の自明性が逆に有効に働くという性質がある。

たとえば、犯罪基準実体「X」とは、

①被害者の数が一人で
②偶発的に生じたもので（「計画的＝偶発的」）
③しかし、はっきりとした殺意が認められ（「確定的殺意＝未必的殺意」）
④被害者側に落ち度がなく（「被害者の落ち度なし＝あり」）
⑤被告人にさしたる前科がない（「前科あり＝なし」）

というものだった。

この場合、②～⑤の組み合わせの全範囲で、個々の「二項対立」の自明性を逆に生かして、すべての犯罪実体の相当刑を数字化することが可能になる。たとえば、

計画的な殺人については、②との対比で「X＝一二～一三年」より重くなる。

未必的故意による殺人については、③との対比で軽くなる。

被害者に落ち度がある殺人は、④との対比で軽くなるなどである。

もし、計画的な殺人で被告人に重大な前科があれば、②⑤との対比で、（＋）（＋）で、二ランク重くなる……等々である。

つまり、理念型を使う場合、「重い」「軽い」の諸要素の「二項対立」を利用して、その自明性を量刑原理として生かすことができる。

量刑論は、「理念型」－「二項対立」という道筋になるわけである。

言い換えれば、市民裁判における量刑論議のために、このような道筋が用意されている。それによって、裁く立場の市民は、「理想的発話状態」の下に理性的な討議を重ねることができるに違いない。

そして、以上は、その他の量刑要素についても、基本的に同様である。たとえば、「成人＝未成年」「被害賠償あり＝なし」などについても、実は、どちらを理念型にすべきかという議論があるべきなので、それによって、量刑の「軽い」「重い」の判断が決まる。ただ、「軽い」「重い」の議論をするだけでは意味がない（むしろ、それは二項対立で自明だから議論するまでもないことである）。

過剰防衛と防衛殺人の本質

殺人罪においては、正当防衛や過剰防衛が問題となる。これは、「純粋暴力」に特有の現象である。

暴力を伴う犯罪は、「純粋暴力」（殺人、傷害致死、傷害等）と「汚染暴力」（強盗、恐喝、レイプ、強制わいせつ等）に区別され、汚染暴力では、正当防衛や過剰防衛が問題となること自体が考えられないのに対して、純粋暴力では、その強度いかんにかかわらず、防衛の領域が問題となる。

過剰防衛とは、正当防衛となりえたのにやりすぎてしまった場合のことで、攻撃してきた相手を制圧した後も殴り続けたような場合（「量的過剰」）と、素手の攻撃に対して武器をもって応戦したような場合（「質的過剰」）がある。過剰防衛の場合は、そこまでやる必要はなかったのに、やりすぎている点で、正当防衛とは違って有罪となる。ただし、行為時の周辺状況としては、正当防衛の場合と同じ状況が存在するわけであるから、刑を減軽したり、免除することができると定められている（刑法三六条二項）。

前述したように、過剰防衛の量刑論に関しては、とりわけ、第三者のために反撃防衛して、それがいきすぎた場合が争点となる。

赤の他人のためにやりすぎた場合の量刑をどう考えるか。わが国の実例としては、行きつけの居酒屋の店主のために他の酔客を店内で刺殺したケースが知られている。

地元の客が集う地方都市の居酒屋で、乱暴な客がマスターにからみ、素手で襲いかかろうとしたのを常連客が横合いから包丁で刺殺するという出来事が起き、当時、その地域では少なからず話題となった。この事件では、常連客の行為は過剰防衛とされ、「懲役五年六月」の刑が言い渡された（大分地裁昭和五七年一月二八日判決）。

結論の数字である「五年六月」をどう見るかは、大いに議論となるところだろう。

このケースでは、被告人は、その場にあった包丁でとっさに刺したのではなくて、一度店を出て刃物店で包丁を買い求めて店に戻ってきてから、依然からみ続ける酔客の腹部を刺していた。ここには、正当防衛や過剰防衛など防衛殺人の本質がかかわる。

防衛殺人は、ただの殺人（攻撃殺人）と区別して論じなければならないのは当然であるが、それを「（奨励された）正義の殺人」とみるか、「（ぎりぎり）許された殺人」とみるかは分かれる。これは、すでに出てきた。

直感的には、他人が攻撃にさらされているのを見捨てておけないとして助けた場合に、それが赤の他人のためであろうと、その助ける行為は正義にかなうと言う以外ないように思われる。そうだとすれば、行きつけの居酒屋のマスターのための過剰防衛殺人であっても、刑を軽くすることに問題はない。が、このような考え方には根強い異論がある。この点も、すでに出てきた。

過剰防衛は、法律上「その刑を減軽し、又は免除することが<u>できる</u>」と定められていて、刑を減軽しないこともできる。つまり、通常殺人の刑を科してもかまわない。

量刑論としては、刑の免除から通常殺人の刑まで、きわめて幅が広いのである。実際、量刑相場上は懲役一〇年以上になっている事例も珍らしくない。

別の言い方をすれば、ここでは、「討議的正義」によって、正義の殺人を認めるべきか否かという次元から考えるほかない。そして、正義の殺人を認めることは、殺人奨励にほかならないから、「汝、殺すなかれ」の核心と衝突することになる。結局、問題は、「汝、殺すなかれ」の根拠いかんまで遡らざるを得ないのである。

喧嘩殺人再論

いわゆる喧嘩殺人の刑は様々であることは、すでに見た（第四章）。「飲みすぎ喧嘩殺人」事件では、懲役一三年だったが（長崎地裁平成一八年九月二二日判決）、「飲み始め喧嘩殺人」事件は、執行猶予付きだった（大阪高裁平成九年八月二九日判決）。

前者は、顔なじみ同士で延々酒を飲み続け、片方のアパートに帰ってからも飲んでいたところ、些細なことに立腹した相手から殴られ、流しの刃物を持ち出されて、もみ合いとなり、手にケガを負いながらもナイフを奪い取って、逆に相手を刺して死亡させた事件だった。後者は、大衆居酒屋で飲んでいるときに突然、背中を刺されたが、恵まれた体力に物を言わせて押し返して包丁を奪い取り、逆に相手を刺して死亡させた事件だった。

先ほど出てきたとおり、一般的には、「量的過剰」も過剰防衛になり得るが（「攻撃してきた相手を制圧した後も殴り続けたような場合」）、刃物の場合は、やや事情が異なる。素手で殴り続けるような場合とは違って、刃物を奪い取ることに成功した場合は、そこで攻撃防御の流れはいったん断絶し、その時点で止めなければならないと考えることもできる。つまり、それ以上続けて刃物で逆襲に転ずる場合には、攻撃性が前面に出て、もはや防衛行為とは言えない（したがって、過剰防衛にもならない）という見方も成り立つ。

そのため、いま見た二つの判決のように、結論が分かれる事態が出てくるわけであるが、いずれにしても、極めて微妙である。どちらのケースも、先に攻撃を仕掛けてきたのは被害者の方だったし、もみ合い的状況で何とか刃物を奪い取っている点、その直後に反射的に刺殺してしまった点も同じだった。過剰防衛の成否という法律論自体に、価値判断が伴い、実質的考慮が忍び込んでいると言える。また、そもそも、過剰防衛が成立する場合にも、先ほど見たように刑を減軽しないこともできるのだから、過剰防衛の成否だけでは、実は決着はつかない。さらには、被害者の落ち度という中間項も関係してくる。

言い換えれば、量刑相場のオートポイエーシスは十分に働いていない。結局、そこでは、防衛殺人とは何なのかが問われざるを得ない。

すでに出てきたように、それを正義の殺人と見るか、規範と戒律の観点から「（ぎりぎり）許された殺人」にすぎないとみるかによる。もし、前者とみるならば、防衛殺人がいきすぎであっても、正義の殺人という基本は失われないはずであるが、後者とすれば、いきすぎの場合に刑を軽くする必然性は薄れる。また、そのどちらであるかによって、実質的に過剰防衛が認められる範囲も変わってくるだろう。

以上が、ここでの「討議的正義」の進みゆきになる。

「嬰児殺《えいじさつ》」は執行猶予

殺人の理念型という考え方を取る場合、殺人罪の刑は、理念型としての殺人を基準にして、そこからの偏差として考えることができる。懲役一二～一三年を中心に上と下に分布を取ることができる。

ところが、殺人であっても、量刑相場上、標準からの偏差としては表せない特殊に軽いものがある。ここからは、殺人でもとくに軽い方の類型について見ていくことにする。

従来の職業裁判官制度のもとで、その典型とされていたのが嬰児殺である。

嬰児殺とは、母親による赤ん坊殺しのことで、古くは、「間引き」や未婚の母の私生児殺しなどを指した。現在では、普通の家庭の主婦による育児上の問題に起因する赤ん坊殺しも含まれる。

これまでは、嬰児殺は、執行猶予と相場が決まっていた。

たとえば、育児ノイローゼで生後四か月の長男を絞殺した事例では「懲役三年、執行猶予四年」（横浜地裁川崎支部平成一三年九月一九日判決）、産後に夫から離婚を言い出されて産褥期うつ病になり生後七か月の長男を窒息死させた事例でも「懲役三年、執行猶予四年」（東京地裁八王子支部平成一〇年一〇月二六日判決）、さらには、女子大生が出会い系サイトで知り合った男性の子供を身ごもり、分娩した新生児を窒息死させた事例でも、「懲役三年、執行猶予四年」（さいたま地裁平成一四年一一月一日判決）等々である。

嬰児殺に言う「嬰児」とは、厳密には零歳児のことで、もちろん、自分の赤ん坊に限る。

嬰児殺を特別に扱うのは、古今変わらず、また、洋の東西を問わない。あのカントでさえ、「人を殺した者は死ななければならない」の例外として認めていたほどである（『人倫の形而上学』）。

しかし、その実質的根拠は、沿革上も、よくわからないところがある。出産直後の母体の心身状況や経済的事情が関係していたようだが、零歳児であろうが、生まれたばかりであろうが、ひとたびこの世に生を受けた者の命が、そこまで軽視され、差別されてよい理由はない。産んだ母親は、その赤ん坊の命を左右できると解する根拠もない。

社会現象的に見ても、一九七〇年代には、大都会の駅のコインロッカーに赤ん坊の死体が放置される事件（東京・渋谷の「コインロッカー・ベービー」など）が相次ぎ、大きな社会問題になったこともある。

はたして、量刑相場のオートポイエーシスが機能しているか、それ自体が疑問である。嬰児殺を極端に軽くするのは、単に前近代の遺風にすぎない可能性がある。

一家無理心中は実刑

殺人としては軽い類型のもう一つの代表は、一家無理心中である。

一家無理心中とはいえ、法的には、自分の家族の意に反してその生命を絶つのであるから、殺人となる。そのため、一家無理心中を企てた者が自分だけ死にきれずに生き残った場合は、殺人罪に問われ、刑事裁判にかけられることになる。

しかし、一家無理心中は、世間的には「殺人」とは認識されていないかもしれない。社会学的には、殺人と区別して論じてもおかしくない（河合幹雄『日本の殺人』ちくま新書）。

日本の場合、諸外国と比べて、一家無理心中の数が多いと言われている。心中の数が日本の殺人事件の件数を引き上げているとの法社会学者の見解もある（河合前掲書）。

無理心中の原因は、かつては、生活苦、病苦、障害苦（子供の障害を苦にしたもの）などが多かったが、最近は介護苦が多くなってきている（表7—3「殺人事件の動機別分類」）。

一家無理心中の刑は、これまでの職業裁判官制度のもとでは、上記の嬰児殺よりも重く、ほとんどの場合、執行猶予は付かなかった。実刑であり、懲役三年か四年が多数を占める。

一家無理心中に多少なりとも類似するものに、家庭内暴力に苦しめられた末の殺人がある。子供の家庭内暴力に耐えかねてわが子を殺めるなどという社会学的類型である。これについても、ほぼ同様の量刑になっていた。

たとえば、三井物産子会社の副社長が、成人した長男がシンナーを吸引しては、ガラスを割る、テレビを放り投げる、二階からベッドを投げ降ろすなどの家庭内暴力を繰り返すのを苦にして長男を刃物で刺して死亡させたケースでは、懲役三年（東京地裁平成七年三月七日判決）、高校教諭が、大学中退後昼夜逆転で家に閉じこもり、イスを投げつけるなどして暴れるようになった長男を刃物で刺して死亡させたケースでは、懲役四年（東京高裁平成六年二月二日判決）となっている。

また、厳密には家庭内暴力とは言えないが、元小学校の校長が、短大卒業後家に引きこもって家事全般を逆指図する娘を玄能《げんのう》（石工用・大工用の大型の金鎚）で殺害したケースも、懲役四年だった（盛岡地裁平成一五年四月一六日判決）。この事例では、引きこもりの娘は、物を処分することを一切拒否し、ゴミを含めて物という物を溜め込み、家はゴミ溜め状態になっていて、元校長の病身の妻は、状況を悲観して自殺を図り、妻の介護や家事など日常生活の負担すべてが元校長の肩にのしかかっていた。

一家無理心中と人数基準

いま見た一家無理心中の量刑は、犠牲になった家族の数が一人の場合である（いわゆる被害者の数という問題で、この点は、理念型としての殺人でも出てきた）。

しかし、一家無理心中という以上、犠牲者が一人とは限らない。家族の数に応じて犠牲者の数は変わってくる。自ずと、被害者複数のケースも出てくる。

家族の数によってマクロ的に一家無理心中の刑を見ると、次のような量刑区分になっている。

①一家無理心中で犠牲になった家族が一人の場合は、すでに述べた。懲役三年か四年が多数を占める。

②一家無理心中で犠牲になった家族が二人の場合は、概ね、懲役一五年から二五年の間となっている。無理心中の事情によって、その範囲で決せられる。

たとえば、軽い方では、看板業を営む夫婦が、家業の不振により約三〇〇〇万円の借金を負い、その返済のメドがつかないことを悲観して子供一人を道ずれに心中を図り、夫だけ生き残ったケース（本人も重傷）がある。懲役一五年が言い渡されている（青森地裁平成一四年二月六日判決）。

他方、重い方では、常日頃パチンコなどに熱中して妻子をほっぽらかしにしていたことで、妻から突然、離婚を切り出され、その翌日に無理心中を図って妻と長男を包丁で刺し、自分も手首を切って自殺を図ったケースがある。こちらは、懲役二五年だった（釧路地裁平成一八年一一月二七日判決）。

③一家無理心中で犠牲になった家族が三人の場合は、それ以上の刑になる。

たとえば、二〇〇八年には、都内で印刷製本会社の社長が一家無理心中を図るという衝撃的な事件があった。インターネットの普及という社会状況を背景に、印刷製本業界が急速に苦境に立たされる中で起きた、時代を象徴するような事件だった。父親の創業した製本会社を継いだ二代目社長が、前途を悲観して引き起こした一家無理心中だった。包丁を持ち出し、深夜から明け方にかけて、同居の母親、父親、妻を順に刺殺していった。本人も、自分の胸に包丁を何度も突きたて、最後は切腹するように腹に包丁を刺入して気を失った。この経営者に対する刑は懲役二五年だった（東京地裁平成二一年六月四日判決）。

④犠牲になった家族の数が三人を超えたらどうか。一家無理心中で家族が五人の場合に、死刑を言い渡した実例がある。

それは、八戸・家族五人殺害事件で、次のようなケースだった。

稼ぎが悪く酒ばかり飲んでいることで妻に離婚されそうになった男が、飲酒して明け方近くに目を覚まし、発作的に、妻と子供四人を次々に刺殺した。この事件の犯人は、自分以外の家族を刃物で刺して皆殺しにした後も、酒を飲んで寝込んでしまい、翌日になってロープを持ち出して鉄橋の下に行き、首を吊ることを考えたが中止し、また、刃物で手首を切って死のうとも考えたが、刃物を持ち出しただけで止め、警察に自首した。裁判では、一審は無期懲役だったが、二審はそれを破棄して死刑を言い渡した（仙台高裁平成四年六月四日判決）。

一家無理心中は、一方では家庭の悲劇であり、他方では生命価値の軽視である。そのバランスの中で量刑数字をはじき出すことが必要になるわけであるが、ここでは、最後の死刑の例を除けば、量刑相場のオートポイエーシスが比較的よく機能していると言えるかもしれない。

男女無理心中の場合

心中の関連では、男女無理心中もある。

男女無理心中の場合も、殺人としては軽くされてきた。一家無理心中ほどではないにしろ、心中の意図があることで刑は軽くなると考えられてきたのである。これは、第四章でも、量刑相場の説明に際して触れた。

しかし、同じ無理心中でも、一家心中と男女心中では、心中の意味が相当に異なる。一家心中の場合、合意心中と無理心中とを問わず、それが家庭の悲劇であるのは疑いの余地がない。

ところが、男女心中では、家庭内の問題ではないばかりか、悲劇の色彩も薄れる。合意心中であれば、近松の『心中　天の網島』の世界であり、心中自体が恋の道行きになって、死の緊張感の高まりとともに極彩色のエロス性はいや増し、むしろ、めくるめく究極の時間的白熱に近づく。そして、もし、それが相愛の相対死ではなく無理心中となれば、打って変わって、強迫的な死の影の谷への歩み行きの中で、もろともそこへ落ちんとする偏執的な情念が前面に出てきて、自棄的で妄想的な暗い色合いを帯びてくる。一言で言えば、ストーカーの面が出てくるのである。

いや、「男女」「無理」心中という以上、必ず、ストーカーの面があると言える。もちろん、自分も死のうとまで思い詰めている以上、人間的な面がないとは言えないが、この場合の量刑論は、ストーカーという現代社会の暗い糸筋と心中という人間的な糸筋の織りなす絡み模様の判断になってくる。両面からの複眼的アプローチが必要になる。

ストーカーが現代社会の病理として明確に認識されるようになったのは、比較的最近のことであり、そのため、これまでは、男女無理心中において、その面が軽視されていた嫌いがある。

法的殺人と社会学的殺人の乖離

法的な意味における殺人の概念は、かなり形式的なので、社会的実態とは乖離してしまっている場合がある。法社会学の観点から、社会的に殺人とみなされるものと、法的に殺人と罪名がつけられる行為との間には、隔絶があると指摘されている（河合前掲書など）。

たとえば、単なる交通トラブルにおける車の走行が殺人罪となる場合がある。実例を続けて二つ挙げる。

最初は、京都府内の国道三六七号線でのこと（①）。

Aは車を急停車させた。前方の路上に大の字になって寝ている奴がいる。「ブッ、ブッ、ブァーン」、クラクションを鳴らすと起き上がってきた。「なんや、コラ。やかましいのう」と、酒臭いにおいをさせながら運転席に詰め寄ってくる。

「酔っぱらい、はよ、どかんかい」

「何やと。おまえの道ちゃうぞ」

酔っぱらいの路上男（Ｐ）は運転席の窓から手を入れて胸倉をつかもうとする。ＡはＰの手を払いのけると、車から降りてＰの顔面を一発殴りつけた。Ｐはふらついて尻もちをつき、その隙にＡは車内に戻って、車を発進させた。

Ａが車を走らせていると、ものすごいスピードで追いかけてきた車がある。その車は、回り込むようにして追い越し、道を塞いで急停車した。「こいつや、こいつや」。降りてきたのは、さっきの酔っぱらい、路上男のＰで、仲間と思しき運転者も車から降りて近づいてきた。

「コン、コン」「ゴン、ゴン」

「おい、降りてこんかい」「降りて来い」

Ａは、逃げようと自家用車を動かした。すると、Ｐがボンネットに飛び乗って叫んだ。「止まれ、止まれ」。Ａはかまわず加速した。後ろからは仲間が車で追ってくる。「追いつかれたらまずい！」

時速七〇キロまで加速。車外のＰはワイパー部分にしがみついている。ジグザグ走行に、急ブレーキなどを繰り返し、Ｐを落とそうとした。Ｐは振り子のように揺れる。Ａは急ハンドルを切って車を横に振り、ついに、しがみついているＰを振り落とした（Ｐは頭部などに負傷）。

この事件で被告人とされたのはＡで、懲役三年六月だった（京都地裁平成一五年一二月五日判決）。

次は、東名高速の出来事である（②）。

Ｑのトラックは、小牧インターチェンジから東名高速道に乗った。Ｑは、世間で言う「トラック野郎」で、その自慢の車は特別のデコレーションを施した豪華車両だった。三〇分ほど走ったところで、前を走っていたトラックがこちらの車線から車線変更して出て行ったと思ったとたんに、「パキッ」と音がして、自車のフロントガラスにヒビが入った。

「飛び石だ」

トラック野郎Qは、前のトラックを止めようと、加速してその真横まで追いつき、合図しようとした。ところが、並走して横を見ると、前のトラックの運転手（B）は運転席のカーテンを下ろしている。

「この野郎、缶を捨てやがったな」

Qは、空き缶を投げ捨てたと思しきそのトラックの前に出た。前を塞ぎながら少しずつ速度を落とし、二台連れでパーキングエリアに入っていった。そして、Bのトラックを停止させた。

「フロントガラスが割れた。飛び石か何かだ。開けろ」

Bのほうは、カーテンをおろしたままである。

「空き缶を捨てただろう。降りてこい」

Bは、運転席横のカーテンをおろしたままで黙っている。

（ちくしょう！　トボケやがって）

トラック野郎Qは、正面に回った。バンパーに乗り、フロントガラスを叩いて「開けろ、開けろ」と大声を出した。Bは黙ってそのままトラックを発進させた。Qが「止まれ、止まれ」と叫んでも、黙殺。東名高速を走りだし、黙殺男Bのトラックは一〇〇キロ近くまで加速した。そして、次の豊川インターチェンジまで走り続けた。

途中、黙殺男Bは突然ワイパーを作動させたりしたため、トラック野郎Qは左腕一本の宙吊り状態となったが、最後までしがみついていたので、Qにケガはなかった。

この事件で被告人とされたのは黙殺男Bで、この事例では執行猶予が付いた（名古屋地裁豊橋支部平成一五年五月二八日判決）。

仮象の殺人

何が問題となっているのか。

日本の刑事司法では、こういうトラブルでは、検察側は、運転者を殺人罪（未遂）で起訴することになっている。これに対して、弁護側は、正当防衛だと主張することになる。そして、裁判所はどう判断するかと言えば、過剰防衛と判断することが多い。

つまり、検察側は、「自動車の走行」＝「殺人行為」と主張し、弁護側は、これに対して「車にしがみついている者に対する正当防衛だ」と応じる。裁判官も真面目な顔で、「正当防衛にはならないが過剰防衛にはなる」などと言うのである。

有り体に言えば、ちょっとした交通トラブルの延長だと思っていると、殺人罪で起訴されてしまい、あわてて「正当防衛だ」などと主張しなければならなくなるということであるが、普通の感覚とは全く違っている。が、法律上の殺人の定義が形式的であるために、こういうことにならざるを得ない。

法律上、殺人とは、殺意をもってなす命の危険を生ぜしめる動作一般を言い、殺意とは「殺してやる」という確定的な意思（「確定的殺意」）まで要せず、単に「死ぬかもしれない」という意識で足りる（「未必的殺意」）。そのため、単なる交通トラブルでも殺人罪とされることがあり得る。ここに、われわれは、殺人の法的意味合いと社会学的意味合い（ないしは社会的実態）の区別を意識せざるを得ない。

裁判所の判断は、次のようになっている。

①の事件では、京都地裁は、Aの行為を殺人未遂であるが過剰防衛になるとした。つまり、猛スピードで追いかけてきたPやその仲間はAに暴行を加えるつもりだったに違いないとして、Aが車を発進させたことを防衛行為と認めた。しかし、ジグザグ走行や急ブレーキを繰り返して、Pを振り落としたのはいきすぎとして、過剰防衛としたわけである。

②の事件では、過剰防衛は認められなかった。つまり、黙殺男Bの高速走行とワイパー作動などの行為は、殺人そのもの（未遂）とされた。それでも、結論は、被害者のトラック野郎Qに実害が生じなかったこともあって、執行猶予付きとなった。

上記の例で、過剰防衛を認められた①が実刑で、認められなかった②で執行猶予が付いていることでもわかるように、この場合の殺人の法的意味合いは、実は、仮像なのである。

特殊殺人という観念

法律的な意味での殺人の中には、社会学的には殺人とはみられないカテゴリーが含まれている。

それらの場合、罪名はともかく、量刑論の問題としては、法的な概念にとらわれることは、むしろ弊害があり、社会的実態を十分に汲まないと片手落ちとなる。

法律的に刑法の何罪に該当するかという問題を擬律《ぎりつ》と言っているが、擬律による罪名と社会的実態に乖離がある場合、罪名を越えて社会的実態を重視することはできない。が、擬律による罪名を縮小する方向で社会的実態を重視することはできる。前者は、立法（民意）によって画された市民の自由の問題を越えるけれども、後者はその範囲とみなし得るからである。

たとえば、子供虐待死をもはや殺人に近いと考えて、その刑を殺人罪なみに引き上げることはできないが、いま見た交通トラブルによる受傷を傷害に近いとみて、傷害罪なみに引き下げることは可能なのである。

交通トラブルに限らず、何が社会学的観点を要する特殊殺人であるかをいま少し明確にする必要があるように思われる。

たとえば、無理心中と人数基準の適用である。社会学的観点を十分に取り入れるならば、一家無理心中について、四人以上被害者が出たからといって被告人を死刑にするようなことにはならないはずである。殺人罪の死刑の一般的な基準としての被害者の数は三人であるところ、前出の一家無理心中の死刑判決は、殺人の一般的人数基準「三人」を無理心中では「五人」と読み替えて、死刑を適用したにほかならない（一般的には、被害者三名以上であれば約九五パーセントが死刑を宣告されており、被害者一名で死刑宣告されるのは統計上は〇・二パーセント程度、被害者二名では場合ごとに判断され、まちまちである）。

しかし、一家無理心中の被害者の数は、基本的に家族の数によって決まるだけである。しかも、この場合における社会的な本質は家庭内の悲劇であり、そして、それは、たとえ人数が増えようとも変わらない。また、そこで死刑を用いることは、一家無理心中の生き残りの命を奪って一家心中を完遂させることにほかならない。この点は、すでに別の機会に詳しく論じたところでもあり、また、本書は死刑を対象とするものでもないので、これ以上深入りはしないが、ともあれ、「特殊殺人」の観念が欠かせない。

量刑論では、犯罪行為が、社会の中で、どのように評価される行為なのかという観点が不可欠になる。そして、そのためには、現代日本社会をどうとらえるかという広い視野が必要になる（実際には執行猶予を付けるかどうかが大きい）。

そこでは、量刑相場のオートポイエーシスに加えて、行為の社会内における意味を「討議的正義」として考えていく必要がある。

裁判員裁判の殺人量刑

裁判員制度開始後現在までの状況については、最高裁の速報があり、裁判員裁判全体の量刑状況を知ることができる（表7―4「裁判員裁判の量刑状況（制度施行〜平成27年4月末）」）。

裁判員制度開始前の平成年間通年の状況については、表4―1「殺人事件の量刑分布（平成元年〜21年）」で知ることができる。

裁判員制度開始の前後で殺人量刑（有期懲役）を比べると、新制度開始後、殺人の刑は、全体として上方にシフトしている（なお、表4―1と表7―4では、異なった量刑区分法が取られているので、それを考慮して対比する必要がある）。

けれども、「執行猶予付」区分が多いことは同様であり、それが殺人事件全体に占める割合も変わっていない。また、本書のテーマからは外れるが、究極の重罰たる死刑・無期懲役を見ると、裁判員制度開始後は、むしろ激減している。

したがって、市民裁判による殺人罪の厳罰化は、その傾向自体は明確ではあるものの、変化幅は、それほど大きくないと言える。

表 7-4 裁判員裁判の量刑状況

〈制度施行～平成27（2015）年 4 月末〉

	終局人員	終局区分 有罪 有罪人員	死刑	無期懲役	有期懲役 30年以下	25年以下	20年以下	15年以下	10年以下	7年以下	5年以下	3年以下 実刑	3年以下 執行猶予	うち保護観察	有期禁錮	うち執行猶予	罰金	刑の免除	無罪	家裁へ移送	その他	控訴人員	控訴率（%）
総数	7811	7607	23	155	73	103	345	827	1552	1514	1297	473	1239	671	1	1	4	1	44	5	155	2727	35.6
殺人	1726	1687	8	51	31	37	196	289	222	234	186	97	336	142	-	-	-	-	10	1	28	583	34.4
強盗致傷	1724	1672	-	-	1	4	23	105	377	477	421	73	191	130	-	-	-	-	3	3	46	602	35.9
傷害致死	765	751	-	-	-	4	1	65	187	187	154	60	93	20	-	-	-	-	8	1	5	286	37.7
現住建造物等放火	716	703	-	1	1	2	8	22	35	90	184	82	278	188	-	-	-	-	2	-	11	136	19.3
覚せい剤取締法違反	697	667	-	-	-	-	23	102	356	153	22	8	3	2	-	-	-	-	18	-	12	342	49.9
（準）強姦致死傷	497	475	-	-	11	14	23	71	117	129	78	14	18	12	-	-	-	-	-	-	22	197	41.5
（準）強制わいせつ致死傷	454	448	-	-	-	-	3	9	22	51	109	76	178	124	-	-	-	-	-	-	6	93	20.8
強盗致死（強盗殺人）	212	208	15	94	11	16	22	34	13	3	-	-	-	-	-	-	-	-	1	-	3	135	64.6
強盗強姦	211	198	-	6	17	22	27	59	50	13	3	1	-	-	-	-	-	-	-	-	13	86	43.4
麻薬特例法違反	210	210	-	-	-	-	3	23	61	85	35	3	-	-	-	-	-	-	-	-	-	87	41.4
偽造通貨行使	120	120	-	-	-	-	-	-	1	1	28	17	73	25	-	-	-	-	-	-	-	15	12.5
危険運転致死	115	115	-	-	-	1	1	13	46	27	15	11	1	1	-	-	-	-	-	-	-	43	37.4
逮捕監禁致死	52	52	-	-	-	-	-	5	10	10	12	4	11	2	-	-	-	-	-	-	-	20	38.5
集団（準）強姦致死傷	44	43	-	1	-	2	6	6	16	7	1	1	3	3	-	-	-	-	-	-	1	19	44.2
保護責任者遺棄致死	41	39	-	-	-	-	-	1	5	10	11	4	8	4	-	-	-	-	1	-	1	13	32.5
傷害	33	33	-	-	-	-	-	-	1	-	10	7	15	8	-	-	-	-	-	-	-	8	24.2
銃刀法違反	32	29	-	-	-	-	-	7	4	12	6	-	-	-	-	-	-	-	-	-	3	12	41.4
通貨偽造	25	23	-	-	-	-	-	-	-	-	6	3	14	4	-	-	-	-	-	-	2	2	8.7
強盗	25	25	-	-	-	-	2	2	5	7	8	1	-	-	-	-	-	-	-	-	-	8	32.0
（準）強姦	23	23	-	-	-	-	1	2	12	3	3	1	1	1	-	-	-	-	-	-	-	5	21.7
組織的犯罪処罰法違反	15	14	-	2	-	-	5	2	-	2	2	1	-	-	-	-	-	-	1	-	-	10	66.7
麻薬取締法違反	11	11	-	-	-	-	-	4	3	3	-	1	-	-	-	-	-	-	-	-	-	5	45.5

激発物破裂	5	5	-	-	-	-	-	-	-	3	-	-	2	1	-	-	-	-	-	-	-	1	20.0
自殺関与及び同意殺人	5	5	-	-	-	-	-	-	-	-	-	3	2	-	-	-	-	-	-	-	-	1	20.0
海賊行為処罰法違反	5	4	-	-	-	-	-	1	3	-	-	-	-	-	-	-	-	-	-	-	1	4	100.0
拐取者身の代金取得等	4	4	-	-	-	-	-	-	2	2	-	-	-	-	-	-	-	-	-	-	-	-	-
非現住建造物等放火	3	3	-	-	-	-	-	2	-	-	1	-	-	-	-	-	-	-	-	-	-	-	-
建造物等以外放火	3	3	-	-	-	-	-	-	-	-	-	-	3	1	-	-	-	-	-	-	-	1	33.3
暴行	3	3	-	-	-	-	-	-	-	-	-	-	-	-	-	-	3	-	-	-	-	-	-
建造物等延焼	2	2	-	-	-	-	-	-	-	-	-	1	1	-	-	-	-	-	-	-	-	1	50.0
集団（準）強姦	2	2	-	-	-	-	-	-	-	1	1	-	-	-	-	-	-	-	-	-	-	2	100.0
身の代金拐取	2	2	-	-	-	-	-	-	-	1	-	1	-	-	-	-	-	-	-	-	-	-	-
道路交通法違反	2	2	-	-	-	-	-	-	1	-	-	-	-	-	-	-	1	-	-	-	-	1	50.0
ガス漏出等致死	1	1	-	-	-	-	-	-	1	-	-	-	-	-	-	-	-	-	-	-	-	-	-
（準）強制わいせつ	1	1	-	-	-	-	-	-	-	-	-	-	1	1	-	-	-	-	-	-	-	-	-
死体損壊等	1	1	-	-	-	-	-	-	-	-	-	-	1	-	-	-	-	-	-	-	-	-	-
業務上過失致死	1	1	-	-	-	-	-	-	-	-	-	-	-	-	1	1	-	-	-	-	-	-	-
自動車運転過失致死	1	1	-	-	-	-	-	-	-	1	-	-	-	-	-	-	-	-	-	-	-	-	-
保護責任者遺棄等	1	1	-	-	-	-	-	-	-	-	-	-	1	-	-	-	-	-	-	-	-	-	-
営利拐取等	1	1	-	-	-	-	-	-	-	-	-	1	-	-	-	-	-	-	-	-	-	-	-
常習累犯強盗	1	1	-	-	-	-	-	-	1	-	-	-	-	-	-	-	-	-	-	-	-	-	-
恐喝	1	1	-	-	-	-	-	-	-	-	-	-	-	-	-	-	-	1	-	-	-	-	-
関税法違反	1	1	-	-	-	-	-	-	-	-	-	1	-	-	-	-	-	-	-	-	-	1	100.0
出入国管理及び難民認定法違反	1	1	-	-	-	-	-	-	-	-	-	-	1	-	-		-	-	-	-	-	1	100.0

注 1　刑事通常第一審事件票による実人員である
2　「その他」は、公訴棄却、移送（少年法55条による家裁移送を除く）等である
3　未遂処罰規定のある罪名については、未遂のものを含む
4　有罪（一部無罪を含む）の場合は処断罪名を、無罪、その他の場合は終局時において当該事件について掲げられている訴因の罪名のうち、裁判員裁判対象事件の罪名（裁判員裁判対象事件が複数あるときは、法定刑が最も重いもの）を、それぞれ計上した
5　起訴罪名と認定罪名が異なる場合や罰条の変更等の場合などにおいては、裁判員裁判対象事件の罪名と異なる罪名で計上されることがある
6　「麻薬特例法」は、「国際的な協力の下に規制薬物に係る不正行為を助長する行為等の防止を図るための麻薬及び向精神薬取締法等の特例等に関する法律」の略である
7　「銃刀法」は、「鉄砲刀剣類所持等取締法」の略である
8　「組織的犯罪処罰法」は、「組織的な犯罪の処罰及び犯罪収益の規制等に関する法律」の略である
9　「麻薬取締法」は、「麻薬及び向精神薬取締法」の略である
10　「海賊行為処罰法」は、「海賊行為の処罰及び海賊行為への対処に関する法律」の略である
11　「危険運転致死」は、平成25年法律86号による改正前の刑法208条の２及び自動車の運転により人を死傷させる行為等の処罰に関する法律に規定する罪である
12　裁判員法３条１項の除外決定があったものを除く
13　裁判員裁判に関する事務を取り扱う支部以外の支部に起訴され、当該支部の管轄区域を取扱区域とする本庁又は支部に回付された人員を除く
14　速報値である

第八章

欲望の諸相と刑罰

——強盗、放火、レイプ……

表 8-1 傷害致死事件の動機別分類

区分		総数	主たる被害者との関係		
			親族	面識あり	面識なし
主たる動機	憤まん・激情	38	11	19	8
	痴情・異性関係トラブル	5	3	2	-
	暴力団の勢力争い等	9	-	4	5
	不満・憂さ晴らし	6	-	6	-
	虐待・折かん	14	10	3	1
	被害者の暴力に対抗	2	-	1	1
	その他	2	-	1	1
総数		76	24	36	16

注 1 法務総合研究所の調査による
2 「暴力団の勢力争い等」は、暴力団内のトラブル及び暴走族間（内）のトラブル等を含む
3 「その他」は、本人に直接の動機がなく共犯者に従属して犯行に及んだもののほか、薬物取引トラブルを含む
4 「面識あり」は、友人・知人、職場関係者、交際相手等の面識者をいい、親族を含まない

世の中の傷害致死の実相

傷害致死は、殺すまでのつもりはないわけであるから、性質上、計画性や込み入った目的は考えにくく、犯罪類型としては単純でとらえやすいと言われている。

実際の傷害致死事件については、繁華街など、街中で起きるものと、生活の場である家庭で起きるものに大別される。

家庭を離れた外の世界での傷害致死は、ほとんどが、広い意味での日常生活上の争い（喧嘩、口論など）の延長で発生している。

つまり、多くの場合、相対《あいたい》のトラブルであり、そうでないのは、行為自体は社会的には殺人とも見得るが殺意が認定できないケースなどに限られる。統計上も、傷害致死事件の動機は、諍《いさか》いに絡む単純なものにほぼ限定されている（表8―1「傷害致死事件の動機別分類」）。

言い換えれば、一方的に傷害致死を引き起こすというのは少なく、量刑論では、既出の「被害者の落ち度」が問題

となることが多い。

他方、外の世界ではなく、家庭内の傷害致死事件もある。

ここで、いま引いた統計資料（表8―1）をもう一度見直してもらうならば、唯一特殊な動機として「虐待・折かん」があること、それがかなりの割合を占めていること、その場合、被害者別分類では、「親族」となっているものの数が多いことがわかるはずである。これは、子供虐待死を含むカテゴリーということになる。

子供虐待死は、文字通り一方的な傷害致死行為である点で特別である。また、「大人→子供」の力関係の圧倒的違いに基づく暴力である点、継続的・反復的に力の行使が加えられる点、著しい精神的虐待を伴う点においても、顕著な特殊性がある。

なお、表8―1によれば、子供虐待死以外に親族間の傷害致死事件も、子供虐待死と同じくらいあることがわかる。この現象は、社会的には「親族間殺人」とも見得るが、殺意の認定ができない場合がカテゴライズされているものと推測される。親族間殺人が多いことは前章で見たとおりである。

いずれにしても、傷害致死は単純な犯罪類型と言われているものの、それでも、かなり異質なものが含まれている。一方の極は「トラブル」であり、もう一方は「虐待」で言い表すことができる。両者は、社会学的に見ても取り扱いを異にする大きな理由がある。

子供虐待死は厳罰化

子供虐待死とは、自分の子供や連れ子を暴力的に虐待し、死に至らしめる犯罪類型であるが、従来は、懲役五年以下で収まることが多かった。

他方、裁判員制度開始後は、個々の裁判員裁判の判決を見ると、子供虐待死の量刑数字は懲役一〇年近くまで引き上がっており、はっきりとした厳罰化傾向が見られる。これは、生命価値という観点からは、あり得る方向である。

ところが、二〇一〇年の裁判員裁判で、幼い子どもに暴力を加えて虐待死させた大阪・寝屋川市の事件で懲役一五年の判決が出され、それに対して、二〇一四年、最高裁が量刑不当で市民の判断を取り消したため、大きな話題となった（最高裁判所平成二六年七月二四日判決）。最高裁が裁判員裁判を破棄して、あらためて示した量刑数字は、子どもの父親に対して懲役一〇年、母親に対して懲役八年だった。

この出来事に対する世の中の反応は、ＷＥＢなどで見る限り、次のようなものだった。

①市民裁判の意味がなくなるのではないか。

②これまでの官僚司法の量刑に問題があったからこそ、裁判員制度になったのではなかったか。

③市民感覚による量刑判断を取り消す根拠は何か、それは、結局、職業裁判官の先例主義的思考ではないか。

④過去の裁判と市民感覚とのギャップを埋めるのが裁判員制度のはずなのに、ギャップがある

から取り消すというのでは意味がわからない。
⑤「量刑不当」は職業裁判官の判断の方ではないか、裁判所自体が市民感覚から離れていると は思わないのか。
⑥これまでの量刑が不当に軽かったから、このようなことになるのではないか。
⑦有罪・無罪や死刑判断ではなく、より流動的で感覚的要素の強い量刑判断を取り消すなら、市民感覚を取り入れる意味はなくなる。
⑧懲役一五年が不当で一〇年が正当という根拠は何か。
⑨一歳児を暴力で虐待して二人がかりで命を奪っているのに、懲役一五年が重すぎるという感覚がわからない。
⑩法定刑の範囲で刑を決めているのだから、さらに最高裁が量刑に上限を設ける必要などあるのか。

……等々の議論、疑問が出た。

そこには、本書でこれまで論じてきたことが包括的にかかわっている。

本書の立場からすれば、どの疑問も有益ではあるけれども、正鵠《せいこく》を射るまでには至っていない。これは、懲役一五年と一〇年のどちらの数字が正義かという問題ではない。市民感覚か職業裁判官の感覚かという問題でもない。さらに言えば、先例主義を是認すべきかどうかという問題でもない。

懲役一五年というのは、従来の職業裁判官の時代には考えられない判決だったので、マスコミでも大きな話題となり、裁判員裁判の判決当日は、私自身も新聞社からコメントを求められたが、「この数字では殺人罪の標準的刑を上回ってしまう」と否定的に論評した。傷害致死罪でこれだけの重罰を科すのであれば、殺人罪の量刑も大幅に上方修正しないと辻褄が合わないが、そこまで検討したうえでの結論とは到底思えなかったからである。また、方法論的に言えば、量刑相場のオートポイエーシスと「討議的正義」の関係が整理されていないように思えた。

つまりは、量刑相場という舞台の中でこそ、「討議的正義」が生かされるのに、先例主義か市民感覚かの二者択一と考えたために、舞台の外に飛び出してしまった感があった。

また、この場合における市民裁判の「討議的正義」が何であるかを明確にしえないまま、最後まで突っ走ってしまった嫌いがある。

子供虐待死は、既出のように、社会学的には、一般的な傷害致死とは明らかに異なった実体を持つ。しかし、同時に家庭内の事件であるために、遺族（被害児の祖父母＝被告人の父母など）の被害感情が弱いという意味でも特殊性を持つ。前章の表7―3「殺人事件の動機別分類」を見ればわかるように、殺人罪が適用される「子ども虐待殺人」というカテゴリーも存在する。これとの均衡も考慮に入れなければならない。

生命価値という観点から厳罰化に向かうというのは、それはそれでよいのであるが、一つの視点からだけ単純化して結論を出すことはできない。

一般的な傷害致死事件と裁判員裁判

表 8-2 傷害致死事件の量刑分布〈平成元（1989）年～21(2009) 年〉

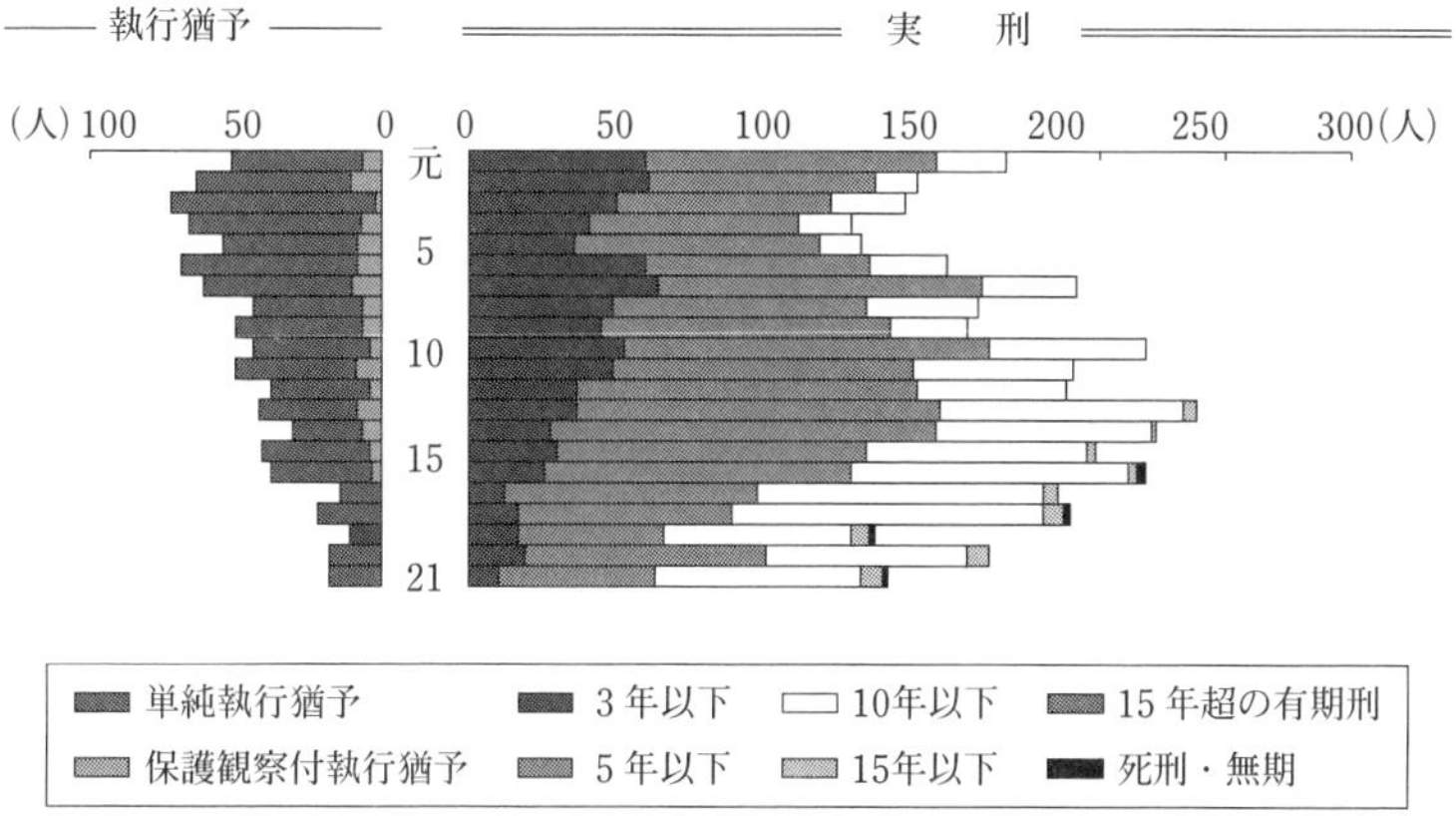

傷害致死事件の一般的な量刑状況はどうなっているか。

裁判員制度開始前の平成年間通年の状況については、表8—2「傷害致死事件の量刑分布〈平成元（1989）年～21（2009）年〉」がある。それによれば、単純人数割りで中間の人の値（「単純中間値」）は懲役三年から五年の間を動いている。

他方、裁判員制度開始後の状況はどうかと言えば、制度開始後現在までの状況については、前章の終わりに出てきた最高裁の速報があった（表7—4「裁判員裁判の量刑状況〈制度施行～平成27（2015年）4月末〉」）。これによると、単純中間値は、懲役五年をはっきり超えている。

また、二〇一〇年から二〇一二年にかけて、各年ごとに最高裁がその時点までの調査結果を公表してきたが、それらを総合すると、現実の判決では「懲役七年」が最多となっていると見受けられる。

従来の量刑状況を見た場合、「あまりに軽い人命の扱い」という感があるかもしれない。そのため、裁判員制度開始後、量刑がかなり引き上がったのだろう。

ところが、傷害致死罪の中には、社会生活の偶然事としての傷害致死もある。

傷害とは、暴力をふるって、その結果、相手にケガが生じた場合を広く含む概念である。相手を傷つけることを意図していなくとも、傷害罪になる。そして、法律上は、有形力の行使であれば、たとえ、それがどんなに些細であっても、すべて暴力（「暴行」）に含まれることになっている。だから、たとえば、駅のホームで並んでいたところに割り込まれ、腹を立てて割り込んできた相手の肩をポンと押したところ、相手が酔っていたためにふらつき、ホームから転落して、折悪しく入ってきた電車に轢《ひ》かれて死亡してしまったとすれば、傷害致死罪に問われる。

実際に、駅のホームで、絡んできた酔っ払いの手をはねのけようとした女性が、酔っ払った男性の体を押し、男性がホームに転落して電車に轢かれて死亡してしまい、当の女性が傷害致死罪で訴追されたケースがある。

われわれの日常社会生活において、他者との多少の軋轢は不可避である。「社会生活上大目に見られる暴力（有形力）」というものを考えざるを得ない。かかる観点から、上記の駅ホーム・酔っ払い男性転落死事件では、押した女性は無罪となっている（千葉地裁昭和六二年九月一七日判決）。

無罪とまですべきか、あるいは無罪とするのがよいかは別にして、社会生活上の現象を睨んだパースペクティブが必要となる。

致死という結果は、その社会が生命価値をどうみているのかという根本問題に関係するから、量刑の考慮要素としては、もちろん重要である。が、他方では、「暴力」を社会現象という観点からとらえる必要がある。あるいは、社会生活の延長として「暴力」を考えなければならない場合がある。単に人命重視の一筋縄ではいかない。

強盗のいろいろ

裁判員裁判の対象となるのは、強盗致死傷事件（強盗をして人を死傷させた場合）であるが、その前提として強盗事件一般について、日本の現在のありようをざっと見てみたい。

統計処理上、強盗事件は、まず、侵入強盗かそうでないかによって分けられる。侵入強盗は、非侵入強盗（路上強盗など）に比べて、閉鎖空間に侵入する点で「強盗→強盗傷人→強盗殺人」と発展する危険性が高く、凶悪性の程度が違うという観点である。

そして、侵入強盗・非侵入強盗のそれぞれについて、さらに細分類が施される。侵入強盗は、侵入場所によって分けられ（住宅強盗か店舗強盗かなど）、非侵入強盗は手口によって分けられる（路上での「おやじ狩り」、預金を降ろした直後の人物を狙う「カモネギ待ち」、タクシー強盗など）。

それらを前提に統計を見ると、日本の最近の強盗事件の状況には、はっきりした特徴がみられる。住宅強盗が減り、コンビニ強盗が急増している（表8―3「強盗犯の態様別分類」）。

同じ侵入強盗でも、一般に、住宅強盗よりは店舗強盗の方が被害者の身体に対する危険性は低

表 8-3 強盗犯の態様別分類

（平成 2〈1990〉年～21〈2009〉年）

① 侵入強盗

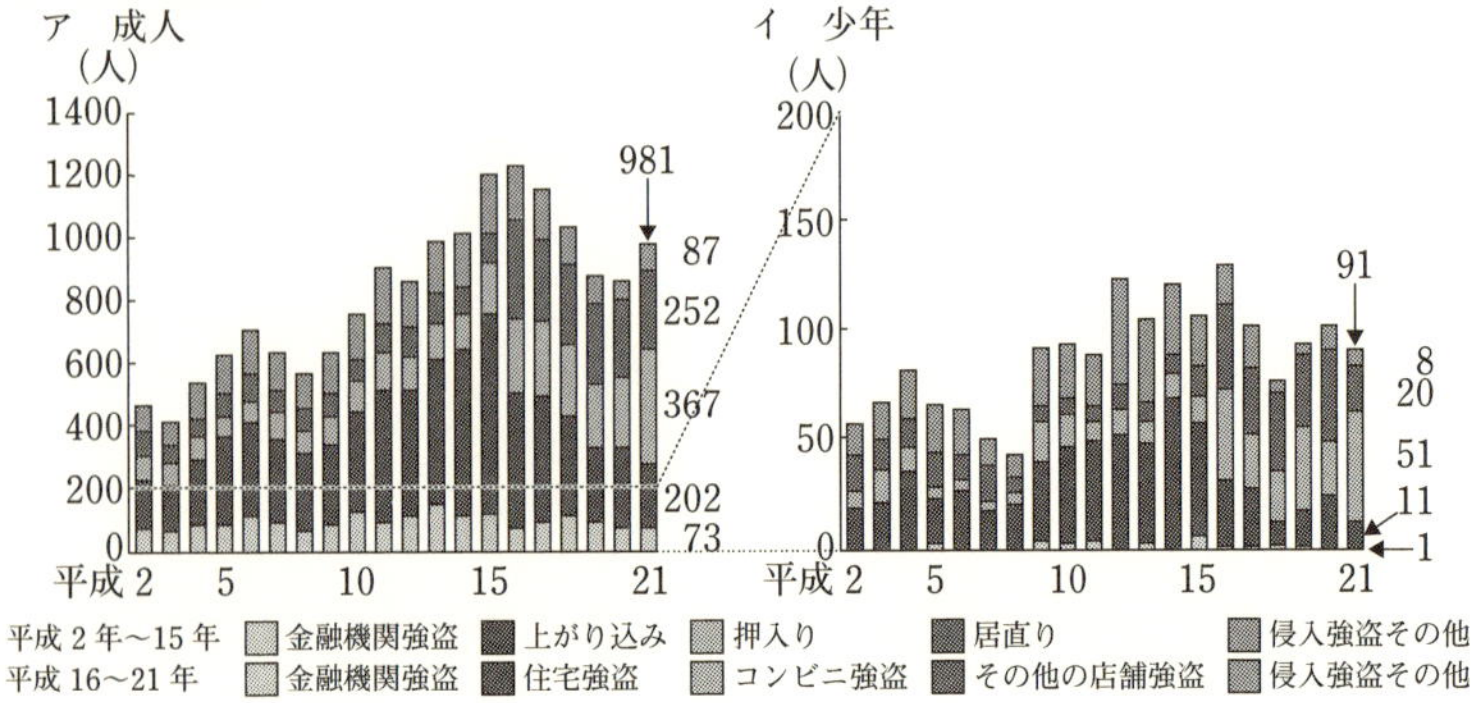

② 非侵入強盗

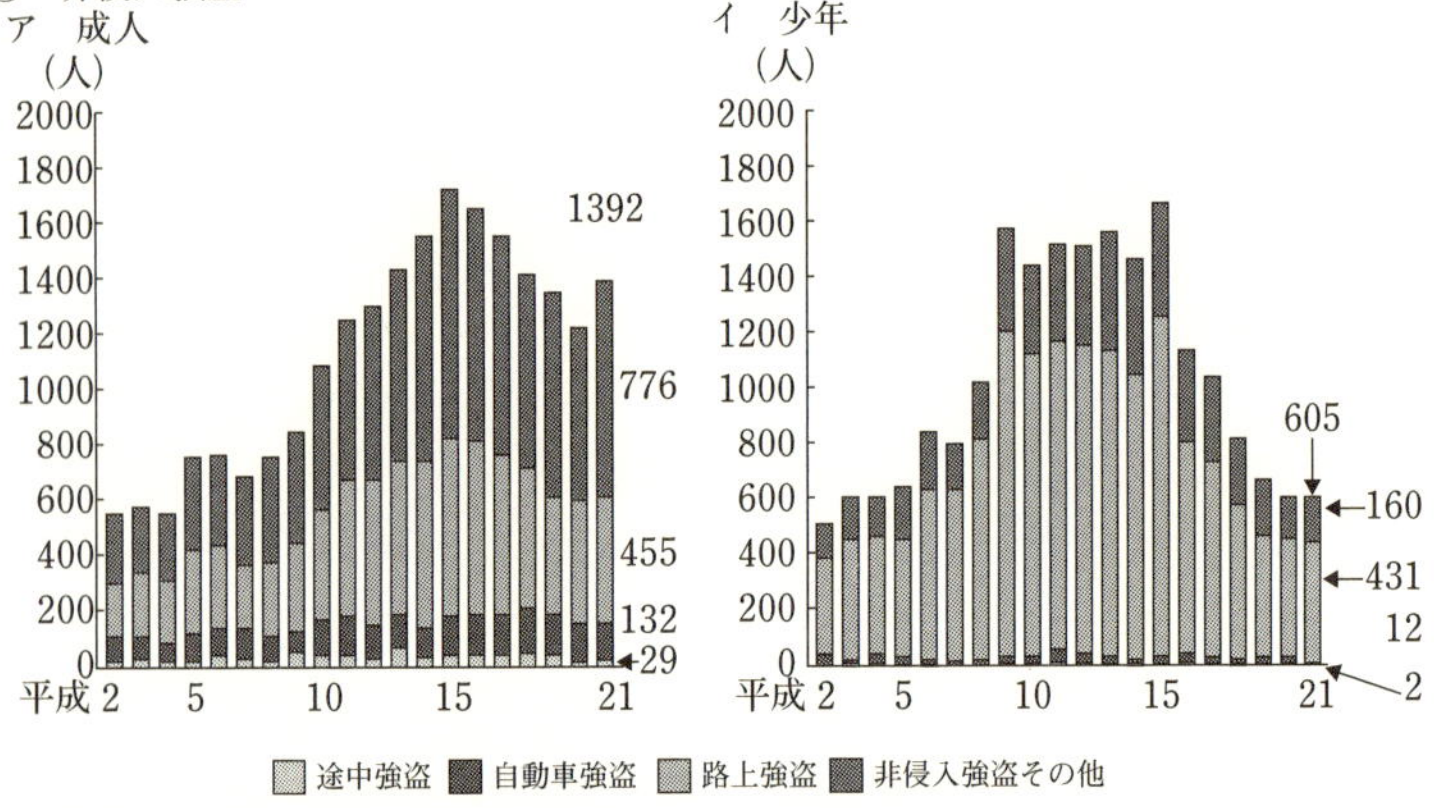

注 1 警察庁の統計による
2 「上がり込み」は、昼間又は夜間就寝前に屋内に侵入する態様のものをいう
3 「押入り」は、夜間就寝中に屋内に侵入する態様のものをいう
4 「居直り」は、窃取目的で屋内に侵入し、家人等に発見されて強盗に変わるものをいう
5 「途中強盗」は、金品を輸送中の者又は銀行等に預金に行く途中若しくは銀行等から払戻しを受けて帰る途中の者であることを知った上での強盗をいう
6 「自動車強盗」は、自動車に乗車中の者から自動車又は金品を強取するものをいう
7 平成16年から手口分類が変更となっているため、侵入強盗の内訳は、15年以前のものと一致しない。16年以降の「侵入強盗その他」は、15年以前の上がり込み、押入り及び居直りによる住宅強盗又は店舗強盗以外の侵入強盗を含む

いので、悪くない傾向と言えないこともないが、いまや、コンビニ強盗は強盗犯の主流となっており、コンビニの軒数の膨大さを考えても、現状は多発状態に近づいている。

金融機関に関係する強盗には、銀行強盗と途中強盗がある。

銀行強盗は強盗の典型と考えられているふしもあるが、日本では少なく、昔から低い割合で横ばい推移している（表8―3）。

通常の銀行強盗は侵入強盗の一つであるが、金融機関を狙った強盗でも現金輸送車を襲う場合は、侵入強盗ではなく、非侵入強盗となる。非侵入強盗の中の「途中強盗」というカテゴリーに分類されるが、ほとんど起きていない。日本の途中強盗は、その大部分が前出の「カモネギ待ち」で、銀行から預金を降ろして帰る人を途中で襲うものである。

総じて、日本では、凶悪な強盗は少ないと言える。

武装強盗の刑はどうなるか

第三章では、金塊の密輸に絡んだ武装強盗で、拳銃を用いて一億円を強奪した事件について触れた。この事件は、ただの強盗ではなく強盗致傷だったが、刑は懲役八年だった。

このケースは、密輸というダークサイドの犯罪であり、被告人たちは暴力団関係者であったが、それでも、主犯の刑がこの程度にしかならない。

日本では、武装強盗で被害者にケガを負わせたとしても、懲役一〇年を超えることは少なく、一五年を超えることは稀である。

この事情は、裁判員裁判が始まってからも、あまり変わっていない。たとえば、多額の現金を狙って刃物を持って警備会社の営業所へ押し入り、警備員を刺して現金六億円を強奪したケースで（被害者は重傷）、主犯格の刑は懲役九年だった（東京地裁立川支部平成二四年七月一二日判決）。

これは、アメリカなどの武装強盗に対する考え方と大違いである。あちらでは、ずっと重い懲役数字となり（数字は青天井で、よく知られているように、懲役五〇年とかそれ以上になることもある）、無期懲役や終身刑になることも珍しくない。

しかし、彼我の差は、根本的には、財産犯自体に対する考え方が違っているからである。

アメリカでは、単なる財産犯に対しても終身刑や無期懲役といった極めて重い刑が科せられることがあり、日本とは対照的な状況になっている。

たとえば、①テキサス州のウィリアム・ルンメル事件では、約一二〇ドルの小切手詐取で、無期懲役、②サウスダコタ州のジェリー・ヘルム事件では、額面一〇〇ドルの小切手の振り出し詐欺で、終身刑、③カリフォルニア州のゲーリー・ユーイング事件では、約一二〇〇ドルのゴルフクラブの窃盗で、懲役二五年以上の不定期刑となっている（終身刑と無期懲役は、仮釈放があるかないかで異なる）。

いずれも、複数の前科があったために、州の常習犯罪者法によって重罰が科せられた（ただし、②については、仮釈放が認められない終身刑は行き過ぎとして、連邦最高裁で違憲とされた）。

したがって、どちらがよいとも一概には言えない。

強盗の量刑相場――単独初回から強盗団まで

先ほど、統計で、いろいろな強盗について見たが（住宅強盗、コンビニ強盗、銀行強盗、途中強盗、路上強盗、タクシー強盗など）、侵入強盗・非侵入強盗の別などは、もちろん量刑でも考慮される。さりながら、量刑論では、それらの態様よりも、なお重視すべき事柄がある。

窃盗、強盗などの利欲犯について特筆すべきは、経済行為としての一面を有することである。物質的な利益を求めて敢行されるものであるだけに、当然、反復される傾向がある。たとえ、万引きのような形態であっても、一回（初回発覚）というのは稀で、何回か繰り返していることが多い。経済的行為としての側面が高じて、ついには、生計を立てるための職業となることさえある（「職業犯」）。また、その場合、違法集団化することが多い（窃盗団、強盗団など）。

そして、強盗の場合には、繰り返しているうちに、被害者にケガを負わせることが多く、必然的に強盗致傷を含む犯行となっていく。

強盗ないしは強盗致傷のような行為が一種の経済活動として繰り返されるとすれば、市民の安全に及ぼす脅威は計り知れないものがある。市民社会の側の対処としては、その脅威の程度に応じて重い刑を科さないわけにはいかない。もし、強盗が職業犯にまでなっているとすれば、厳罰以外には考え難い。

何より、経済的な意味での反復性に対応して刑を決めることが要請される。法定刑（「無期又は六年以上の懲役」）のうち、有期懲役の幅（六～二〇年）を「単発」から「職業的反復」までの程度に応じて配分していくことになる（実際には、「単発」と言っても、本当の意味で初めてというのは稀で「散発」と言うべきであるが）。

実際の裁判では、起訴件数として一〇回以上繰り返しているケースはほとんど見られないが、これは経済的な利欲犯には暗数があるためで、数件を超えれば、職業的とみなされるだろう。量刑相場で見ると、職業的に強盗を繰り返し、その結果、一部の被害者にケガを負わせたような場合は、懲役一五年付近になっている。それが大がかりな強盗団組織によるプロ的な犯行となれば、有期懲役の上限あたりに来るだろう（なお、この場合の上限は、複数犯罪による加重——併合罪加重——で三〇年に伸長される）。

量刑相場のオートポイエーシスは、「単発的—多発的—職業的」の各段階に応じて刑を分布させており、その限り、それは相応の合理性を持つ。

そして、その反面として、単発的な場合は、武装強盗であっても結果的に比較的軽い刑になっているわけである。

なぜ強盗致傷罪の法定刑は引き下げられたか

財産犯に対する日米の考え方の開きについては、すでに見た。受け止め方の違いは大きく、アメリカでは、単なる窃盗や詐欺でも上記のような重罰なのに対して、日本では武装強盗でさえ、それほどの刑を科されることは考え難く、さらに、強盗致傷罪の刑は不当に重すぎるという実務感覚さえあった。

平成一六年の刑法改正で、それまで「懲役七年以上」とされていた強盗致傷罪の法定刑の下限が懲役六年に改められた。同改正では、重罪関係の法定刑（の下限）が軒並み引き上げられる中で、強盗致傷罪についてだけは、それが引き下げられたのである。

強盗致傷罪の下限を「懲役七年」から「懲役六年」に下げたのは、酌量減軽して執行猶予が付けられるようにするためである。

なお、これまで、「実刑」「執行猶予」という言葉を用いてきたが、正確に言えば、刑法の執行猶予とは、当面刑務所に行く必要はなく、かつ一定の期間何事もなく過ごせば、確定的に刑務所へは行かなくて済む制度である。その一定期間が猶予期間と言われる（したがって、ここでの猶予は、単なる延期の意味ではなく、一般的な「猶予」の意味・用法とは異なる）。

懲役三年以下を言い渡す場合に執行猶予付きとすることができる。たとえば、殺人罪では、法定刑の下限は懲役五年であり、そのままでは執行猶予を付けることはできないが、酌量減軽すれば、法定刑の下限は半分にまで落ちるので（→懲役二年六月）、執行猶予を付けることが可能になる。これに対して、強盗致傷罪では、平成一六年の刑法改正前は、法定刑の下限は懲役七年だったから、酌量減軽しても執行猶予は付けられなかったのである。

第四章では、「トンデモ悪女の強盗致傷事件」が出てきたが、このケースも酌量減軽されていた。実際には、酌量減軽する事由などないのに、刑の数字を下げるためだけに、法律の規定を恣意的に用いているわけである。このような操作は、全くの反・本質主義であり、被告人の権利・自由の名のもとにおいても正当化されるものではない。また、量刑相場のオートポイエーシスと

表 8-4 放火犯の動機別分類

区分		総数	主たる放火目的物						
			本人宅	他人の住宅	店舗	会社事務所・工場等	倉庫・資材置場等	自動車・バイク等	その他
主たる動機	憤まん・怨恨	52	17	20	1	6	1	2	5
	不満・ストレス発散	35	5	16	2	4	5	2	1
	利欲目的	14	5	4	3	2	-	-	-
	犯罪・不正の隠蔽、検挙逃れ	6	-	4	1	1	-	-	-
	現実逃避	6	2	-	-	3	-	1	-
	受刑願望	4	-	-	-	1	2	1	-
	自殺企図	9	7	1	1	-	-	-	-
	火への関心	1	-	-	-	-	-	-	1
	その他	7	4	2	-	1	-	-	-
総数		134	40	47	8	18	8	6	7

注 1 法務総合研究所の調査による
2 「利欲目的」は、保険金目的、報酬目的及び窃盗目的である
3 動機の「その他」は、幻聴・幻覚から逃れるため、喧嘩相手から逃れるため等である
4 放火目的物の「その他」は、建築中の建物、船舶、公民館、地区集会所等である

も別物である。

最低限の本質論は堅持できるか、それも市民の「討議的正義」のテーマになる。

放火の心理

放火は、火をつける対象によって、その危険性が違ってくる。

刑法上は、建造物かどうかで分け、対象が建造物の場合は、現住性（現に人がいるか、あるいは住居に使用されていること）でさらに分けられる。

統計上は、建物について、現住性とは、また別の観点からの分類が用いられることがある。社会学的観点からの類型化（住宅、店舗、会社事務所・工場、倉庫・資材置場など）である（表8―4「放火犯の動機別分類」の「放火目的物」の項目参照）。ここでは、裁判員裁判の対象となる現住建造物放火を念頭に置いて見ていく。

放火犯の特徴は、その多くが特有の複雑心理に基づくことである。まず郷愁犯の存在が知られている。郷愁犯とは、地方から都市部に出てきた者が、都会に馴染めずに、故郷の温もりを心象的・象徴的に求めて放火に及ぶものである。そのため、執行猶予が付けられることも少なくない。

郷愁犯の場合は、まだ一過性と言えるかもしれないが、放火では、犯罪心理の深層に精神的な問題や性格上の不安定要因が潜在することも多い。

統計によれば、顕著な心理的要因としては、①ストレス、②現実逃避、③受刑願望、④自殺企図があることがわかる（表8―4「放火犯の動機別分類」）。

そして、それらの内面の特殊心理が続いている間は反復されるおそれがある。単発では済まず、いきおい連続放火となることが多いわけである。

連続して反復されるとなると、放火の場合、そのたびごとに、われわれの社会に大きな公共の危険を発生させるわけであるから、やはり、段階的に科刑を考えなければならないことになる。その意味では、放火回数を重視することには、合理性がある。

実際の裁判における放火件数は、最大規模では二〇回近い。なお、放火においては、規模のいかんにかかわらず、ほとんどが社会生活上の重大事として取り扱われて発覚・露見するため、窃盗や強盗と違って暗数は少ない。

連続放火の犯人像は精神上、性格上の不安定要因を抱える者が多いが、カテゴリー的には、火の魅力に魅入られた放火もある（表8―4の分類項目「火への関心」）。

消防士が消火に努めるうち、逆に、火の魔力に取り憑かれてしまうという病理が知られている。第三章で、ネット・アイドルの連続放火事件に関連して、消防団員が一一回、放火を繰り返したという実例にも、少しだけだが触れた（ちなみに、この場合の刑は懲役一三年だった）。

放火の致死罪的側面

放火については、もう一つ、重要な側面がある。

これも第三章で触れたが、日本の場合、放火の結果、焼死者を出したかどうかで、罪としての区別はしていない。同じく現住建造物放火罪といっても、死者を出した場合と出さなかった場合とがある。量刑論としては、その違いは極めて大きい。生命価値にかかわるか否かで区別しなければならないのは当然である。

焼死者を出している場合には、放火件数が少なくとも刑の数字は大幅に上がる。一件の放火で焼死者一人を出した場合には、懲役一〇年程度にはなっている。

したがって、以上、二つの異なるパースペクティブ（①公共の危険、②生命価値）から量刑論を進める必要がある。

実際には、量刑相場は、次のような仕組みで動いている。

放火は、反復されるうちに、それだけ焼死者が出てしまう危険性が高まるのであるから、量刑論において有期懲役の上限付近に来るのは、自ずと、放火が数回程度繰り返されて実際に焼死者が出た場合や、（焼死者が出なくとも）多数回繰り返された場合になる。後者については、たとえば、二〇回以上現住建造物放火を繰り返して焼死者を一人も出さないというのは、むしろ、奇跡的と言え、逆に言えば、それほど多数回繰り返した場合は、たとえ焼死者を出さなくとも上限付近の刑が科せられてもやむを得ないわけである。

放火の利欲犯的側面

さらに、もう一つ、放火は、全く別の顔を持つ。利欲犯としての放火犯である。

すなわち、保険金目的の放火がある。家屋への保険金（火災保険金）目的の放火は、現代社会における放火の一つの変種典型と言える。

さらに、解体業者の連続放火事件で、焼け残った家屋の解体工事を請け負うためだけに温泉旅館に次々に火をつけた例さえある。この場合は、一種の営業目的と言える（福島地裁平成一四年一一月二一日判決。このケースの刑は懲役一五年だった）。

統計資料（表8―4「放火犯の動機別分類」）によれば、利欲目的の放火は、かなりの数を占めている。

以上を総合すると、放火の全体的な量刑相場は、かなり複雑な要素の組み合わせからなる。

この場合の量刑相場は、まず、①公共の危険と②生命価値の二つの変数から関数グラフ的に通常相場が構成され、さらに、利欲犯の性質を持つ場合には、a経済目的が三次要素として位置づけられる三次元的な特殊相場となる。

それが、放火の量刑相場のオートポイエーシスであると言える。

したがって、市民裁判では、量刑相場のオートポイエーシスを活用しつつ、「討議的正義」を加える場合、それがどの側面の修正なのか（①、②、a）を明確に位置づけることが必要になるだろう。

なお、統計資料（表8—4「放火犯の動機別分類」）でもわかるように、殺人現場を焼いて罪証を隠滅するなどの手段的放火もあるが、このような類型については、殺人の量刑をベースに、放火を加重要素として考えることになる。

性犯罪と再犯

性犯罪ないしは性犯罪者に対しては、どの市民社会においても、忌避的感情あるいは嫌悪感の裏返しとして、根強い固定観念が存在する。

レイプ等の性犯罪者については、「またいつ同じことを繰り返すかわからない」という一般的通念が強い。

そのため、アメリカなどでは、性犯罪者の所在を市民に情報公開する制度があり（犯罪者情報公開法、いわゆる「ミーガン法」）、日本でも、同様の趣旨から、市民への情報公開まではいかないものの、性犯罪者への監視体制を強める情報共有制度が設けられた。

二〇〇四年に奈良小一女児誘拐殺害事件が起き、犯人に幼児強制わいせつの受刑歴があったことで、性犯罪者の再犯防止が社会問題となった。これを受けて、翌年、性犯罪の受刑者について、その出所の際には、刑務所側（法務省矯正局）が情報を警察に提供する制度が設けられた。性犯

表8-5 出所受刑者の再犯率〈罪名別〉

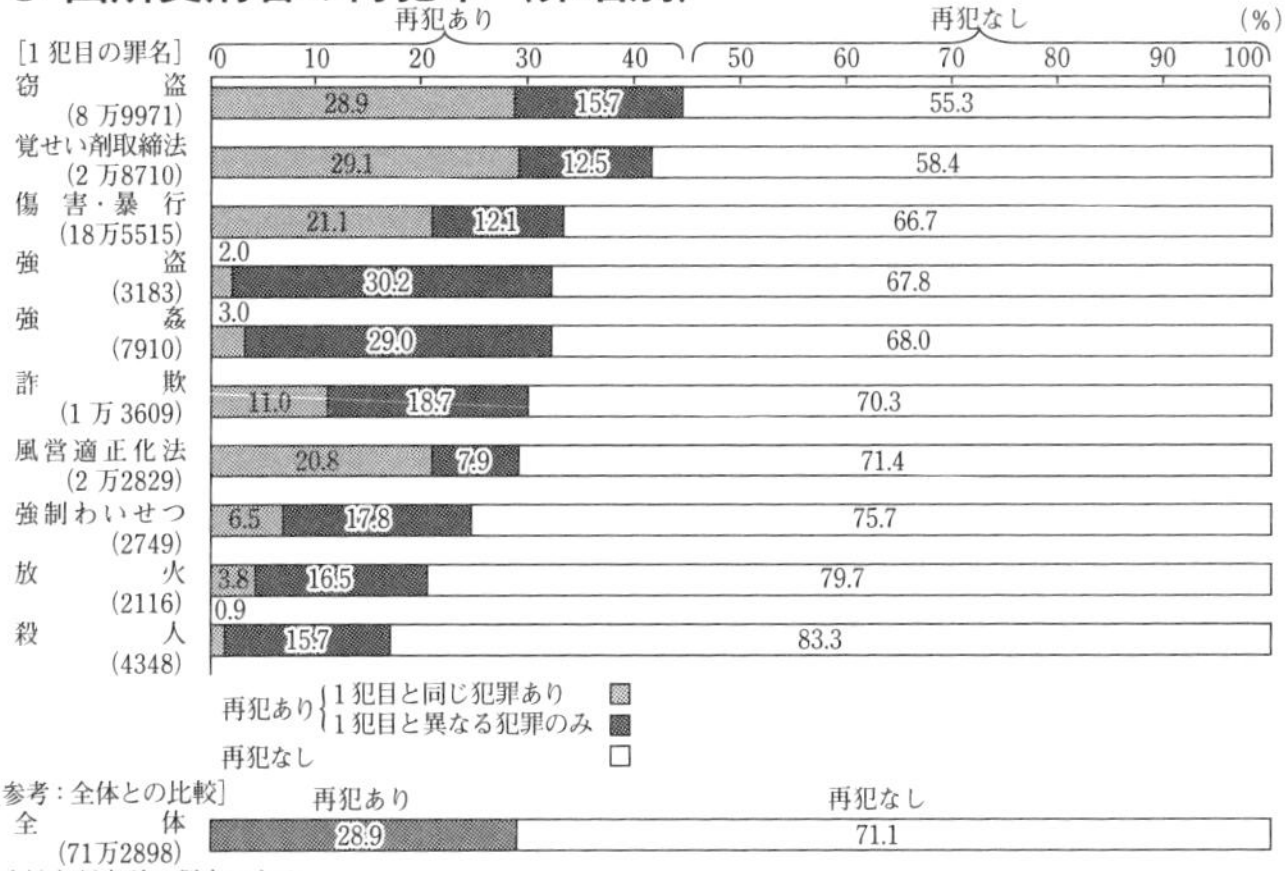

注 1 法務総合研究所の調査による
2 1犯目から10犯目までの犯歴により分類した
3 「強盗」は、事後強盗、強盗致死傷及び強盗強姦・同致死を含まない
4 （ ）内は、実人員である

罪者の出所後の予定帰住先を警察に知らせ、その地の管轄の警察署が監視するシステムである（その後、この出所情報提供制度は、凶悪重大犯罪、常習的窃盗、薬物犯罪などにも拡大された）。

ところが、統計によれば、性犯罪者の一般再犯率は高くない（表8―5「出所受刑者の再犯率〈罪名別〉」）。窃盗、薬物犯罪（覚せい剤取締法違反）よりも低いだけでなく、粗暴犯（傷害・暴行）と比べても低い。

また、同種犯罪再犯率も、決して高いとは言えず（表8―5）、他の重罪と比べた場合、多少高くなっているという程度である（第一章の表1―7「重罪の重大再犯率」）。

実際に再犯率が高い犯罪の代表格は窃盗と薬物犯罪であるが、「性犯罪の再犯率は高い」は、半ば神話であることがわかる。

性犯罪に対する伝統的見方

レイプ等の性犯罪は、動機や要因の点で、他の重罪と区別される。これらは、人間である以上、誰もが持つ欲望に起因する犯罪である。

言い換えれば、根底にある欲望自体を非難できるわけではない。その発現の仕方（それが暴力的であること）が刑罰の対象となるわけである。が、その欲望の発現態様自体も、許される水準（「男女間の駆け引き、押しの強さ、多少強引な性交渉……」）と連続水域にあることが少なくない。

その意味では、強盗などとは同列に論じられない面がある。強盗も金銭欲に基づく点では、誰もが有する欲望に起因すると言って言えないことはないかもしれないが、その欲望の発現形態は、正規の領域（「事業、経営、営業、金儲け……」）とは全く異質である。

こうして、性犯罪では、自然な欲望を抑えきれずに偶発的に犯した場合、とくに若年者による場合には、凶悪犯とは区別される傾向がある。いわゆる「若気の至り」として、広い意味での「過ち」とみなされ得る。当の本人の人間性の深部にかかわる罪というより、社会生活上の「逸脱」と見られるわけである。

そのため、性暴力でも、レイプ形態ではなく、わいせつ行為の場合（罪名で言えば、強姦致傷ではなく強制わいせつ致傷の場合）には、情状により執行猶予が付くことも珍しくない。

性犯罪の量刑相場

それに対して、根強い性癖に基づいて常習的におこなった場合は、明確に区別される。常習化しているかどうかが、科刑上重要になる。

また、被害対象も重要な要素になる。幼女が対象にされたような場合である。これは、特殊な性癖に基づくという点で、常習性とも関連する。

別の言い方をすれば、この文脈において、異常な性癖かどうかも問題とならざるを得ない。ここで言う性癖の異常性とは、単に性的嗜好としてマイノリティーであることを意味するのではなく、被害対象などに関連して市民生活を送るうえにおいて危害の程度が高く、そのために、社会通念上逸脱したものと見られるかどうかという観点である。

幼女対象の場合は、虐待としての意味が強く出てくる点で、もはや、人間としての自然な欲望に起因すると見ることも困難である。

なお、少し前に、性犯罪者への監視体制を強めるための出所情報提供制度が出てきたが、これは性犯罪者一般を対象とするものではなく、一三歳未満の児童に対して性犯罪を犯した者に限定した措置だった（この点で、制度的合理性が認められる）。

強姦致傷罪の法定刑（「無期又は五年以上の懲役」）、あるいは強制わいせつ致傷罪の法定刑（「無期又は三年以上の懲役」）のうち、年少者が偶発的に起こしたようなケースは、有期懲役の下限付近になる。それが強姦致傷（レイプ）ではなく強制わいせつ致傷であれば、前述したように、執行猶予が付くことも多い。上限付近は、幼女に対して常習的あるいは連続的に性犯罪を起こし、その結果、被害者にケガを負わせたような場合である（前にも出てきたように、併合罪加重で、この場合の上限は三〇年に伸長される）。

中間には、成人女性に対する連続犯行で、手口等からもはや偶発的とはみられない場合などが位置する。

性暴力をめぐる法思想の変遷

以上が、性犯罪に関する量刑相場のオートポイエーシスであるが、近年、大きな見直しの動きがある。

性犯罪については、批判法学（とくに、そのうちのフェミニズム法学）から「魂の殺人」論が出てきた。レイプなどは被害者に精神的な死をもたらすにも等しいという見方である。

犯罪被害者からは、次のように言われる（内閣府のＷＥＢサイト「共生社会政策」『犯罪被害者等施策』記載の性犯罪被害者の手記から）。

「強姦被害者は不名誉な存在なのだろうか？　告訴することにより何か不利益を甘受しなければならないのか？　と底知れぬ不安にかられました。これは私が度々警察で『告訴をしないでいる方が身のためだ』とか『後悔するぞ』というように半ば脅迫めいたことを言われ続けたことで余計にそう感じるのかもしれません。このとき感じた不安は、警察に対する不信感と相まって今なお拭えず、……今までの人付き合いを一切断ち切ってしまいました。また、電話、パソコン、郵便物など他人とつながり得るものさえも怖いと感じてしまいます」「なぜ、被害者が『強姦』被害を口にしようとするだけでこんなにも抵抗を感じなければならないのでしょう」

「残虐非道な行為により女性の人格、人間性を全否定し、その後の人生を破壊するという意味で全く殺人と異ならないという犯罪の本質が正しく捉えられていないように思います」

「もはや死をもって抗議するしかないと追い詰められ、警察署の前で焼身自殺をすることも考えました」

「裁判所等は必ずしも被害者の味方ではありません。これらの組織・制度こそが往々にして敵と成り代わるのです」

「私は裁判という手段を採りましたが、決して勇気で言いたいことを言って邁進してきたというのではありません。むしろいつもおどおどびくびくして、障害に行き当たる度傷口を広げていったように思います」

このような観点からすれば、若年者による偶発的犯行だからといって、そう簡単には「若気の至り」「若気の過ち」とは言えなくなる。また、量刑も全体的に引き上がってくるだろう。

このフェミニズム的観点を量刑相場のオートポイエーシスの中にどこまで取り入れるかは、性犯罪に関する市民裁判の「討議的正義」のテーマの一つになる。

裁判員裁判の性犯罪の量刑

裁判員制度開始後現在までの状況については、最高裁の速報があり、裁判員裁判全体の量刑状況を知ることができる（表7―4「裁判員裁判の量刑状況〈制度施行～二〇一五年四月末〉」）。

それによれば、裁判員制度開始後、強姦致傷罪の量刑は、懲役七年前後が多くなっている（表7―4）。以前は懲役五年前後が多かったから、量刑状況は明らかに引き上がっている。

また、裁判員裁判では、レイプ形態の場合に執行猶予が付けられることは、極めて少ない（表7―4）。なお、レイプではなく、わいせつ行為の形態では、執行猶予がかなり多かったことは前述したが、その点は、裁判員裁判でもあまり変わっていない（表7―4）。

これらの変化を受けて、性犯罪のさらなる厳罰化が法務省の有識者会議の検討対象に上ってきている。また、親告罪（強姦致傷に至らない単純な強姦では被害者の告訴を待って処罰すること）の扱いを再検討することも議題になっている。もともと、性犯罪を親告罪としたのは被害者の名誉やプライバシーを保護する趣旨であるが、上記の被害者の肉声にもあるように、一種の逆転現象を生じているためである。

ただ、以上が、レイプ＝「魂の殺人」的な観点によるのかどうかは不明である。

量刑系統論

以上、重大犯罪のうちの代表的なものについて、量刑相場のオートポイエーシスと量刑の原理としての「討議的正義」を見てきたが、量刑論の諸相を単純化して言い表すとすれば、次のようになるだろう。

犯罪（少なくとも、そのうちの代表的重罪）は、①超越価値系、②経済利欲系、③複雑心理系、④自然欲望系、⑤現代反社系の五つの道具概念によって分析することができる。

①超越価値系とは、社会共同体の原初から不変の超越的価値にかかわる。われわれの社会において、人種、文化、宗教、政治経済の違いを問わず至上の価値とされているものと言えば、人命である。その意味では、カントが「人を殺した者は死ななければならない」という至上命題を立てたのも理解できる。

②経済利欲系とは、窃盗、詐欺、強盗、強盗致傷などの利欲犯であり、これらの犯罪について見逃せない点は、経済行為としての一面を有することである。物質的な利益を求めて敢行されるものであるだけに、当然、反復される傾向がある。

そして、強盗や強盗致傷のように、市民の身の安全に対する脅威が、身勝手極まりない経済活動として繰り返されることは、市民生活の平穏と全く相容れない。

③複雑心理系とは、特殊心理に基づいてその衝動として犯罪に出てしまうもので、放火犯などを指す。特殊心理であるだけに、経済系とは別の意味で繰り返されることが多い。

④自然欲望系とは、人間である以上誰もが有する欲望に起因する犯罪である（ただし、そのうち、②で出てきた金銭欲を除く）。性犯罪が典型となる。

⑤現代反社系とは、古代から続く犯罪（「殺すなかれ」「盗むなかれ」「姦淫するなかれ」など）と

は異なり、高度に複雑化した現代社会の段階になってから、社会に及ぼす害悪の大きさが認識され、禁止されるに至ったような行為である。覚せい剤取締法違反などの薬物犯罪が典型である。主として取り締まり上の必要から重罪とされているものである。多くは、反社会的勢力とのつながりを持ち、暴力団の資金源になっている。

刑罰思想の住み分け論

第六章では、歴史的に現れた刑罰思想を一覧したが、量刑論においては、それぞれの刑罰思想の優劣を議論することは、さほど意味がない。刑罰思想や刑罰理論は、どれも一面の真理を突いてはいるが、一つの原理ですべてを律するのは無理がある。むしろ、いかなる刑罰思想、刑罰理論が、どのような犯罪によくあてはまるかを考えるのが量刑論としては有益である。それを刑の数字を決める手掛かりにすることができるからである。

第六章の終わりで、刑罰思想と刑罰理論を「応報刑、教育刑、威嚇刑、社会防衛」の四つに整理してまとめた。

上記の五系統のそれぞれに対しては、概ね、次のような刑罰思想、刑罰理論が適合する。

①超越価値系では、われわれの社会共同体における超越的価値が問題となっている。である以上、超越的価値を侵害したことに対する規範的な報いを考えずには済まされない。一言で言えば、「応報刑」が対応する。

また、そこでは、共同体における贖罪の意味を考えることも不可欠になる。したがって、ヘーゲルの刑罰思想のように、応報の根本的意味にまで遡った法論が求められる。この場面では、社会共同体において刑罰が果たすべき役割、共同体における贖罪の意味合い、共同体の法的・社会的連帯感情の喚起、それとの関係における被害感情の問題などを掘り下げて考えざるを得ない。

②経済利欲系では、犯罪に含まれる経済行為としての反復性が問題になる。それは、犯罪という害悪が一種の経済活動として繰り返されることの脅威にほかならない。かかる社会にとっての脅威にどう対処すべきか。

その中でも、被害が単なる財産犯の範囲を超える場合には、市民社会の安全の観点から、「社会防衛」を抜きには考えられない。

③複雑心理系では、特殊心理に基づいているために、経済系とは別の意味で繰り返されることが多い。それは、経済利欲系のように生活の必要と関連して敢行するものではないが、内面の特殊心理が続いている間は反復されるおそれがある。

うち、放火のように公共の危険を発生させるものについては、やはり、「社会防衛」をおこなうという側面が強く出てくる。

④自然欲望系の典型は性犯罪であるが、ここでは、人間としての普遍的な欲望に基づいているだけに、「教育刑」の見地が必要になる。

⑤現代反社系は、薬物犯罪など、いわば現代社会の病理であり、社会の闇の部分に属する現象である。それゆえに、犯人像も、暴力団関係者など特殊である。

この場合は、端的に「威嚇刑」が妥当する。罪と罰の意味を深く掘り下げて探るまでもなく、犯罪を禁圧するために、厳罰が科されてよいのである。

欲望と量刑論の諸相

五系統のうち、⑤現代反社系について、少しだけ補足する。

暴力団関係者による営利目的の覚せい剤の大量密輸、密売罪などについては、法定刑（「無期若しくは三年以上の懲役」又は一千万円以下の罰金の併科）のうち、有期懲役の上限付近、さらには無期懲役が適用されている。

⑤現代反社系は、比較的最近になって、社会に対する深刻な害悪が切実に認識されるようになり、厳罰が科されることになったものであるが、反面では、直接の被害者がいない「被害者なき犯罪」でもある。したがって、応報刑の観点からは、厳罰は必ずしも基礎づけられない。「威嚇刑」（一般予防）が正当化根拠となるわけである。

ところで、以上で述べたところの①超越価値系、②経済利欲系、③複雑心理系、④自然欲望系、⑤現代反社系とは、犯罪現象の考察のためのパースペクティヴである。

これらの系統（①〜⑤）は、厳密に、犯罪自体に対応しているわけではない。

たとえば、放火犯では、すでに出てきたように、③複雑心理系のほかに、焼死者を出している場合には、①超越価値系も重なるし、火災保険金目的の放火では、それらに加えて、②経済利欲系の観点が入ってくる。

また、レイプなど性犯罪は、④自然欲望系の典型と考えられてきたが、批判法学、フェミニズム法学からの反対論があった(「魂の殺人」論)。これは、①超越価値系を主張する反対論にほかならない。

前章では、殺人の理念型が出てきたが、ここで言う五系統とは、やはり、一つの理念型なのである。

言い換えれば、一種の思考実験として、裁判員裁判の対象となる犯罪を取り上げ、量刑論を進めるにあたってのイメージを提示したものである。

第九章

新しい自由刑論の展開

脳科学と刑事責任

最近の脳科学の発展は、人間の行動のメカニズムについて旧来の常識を覆すような新たな科学的知見をもたらした。それによって、法と裁判に対しても、果たして伝統的な刑事責任の考え方が維持できるのかという鋭い疑問が投げかけられるに至っている。

これまで、刑事責任は、人間の自由意思を所与の前提としていた。当人の自由意思によって犯罪行動が起こされたのだから、結果に対する責任を負わなければならないという構造である。

ところが、最新の脳科学や社会心理学の成果では、意思に基づいて行動が生ずること自体が、疑問視されるに至っている。たとえば、「あいつを殴ってやる」という心の動きがあって手が動くという動作がはじめて生ずるわけではなく、実際には、無意識の電気信号が脳内に生じているという。

人間の中で意思が生まれるのは心理過程に相当し、身体運動が起きるのは神経過程に属するが、実際には、手を動かすという無意識の電気信号が脳内に生じ、脳から心理過程と神経過程に同時に指令が発せられ、おのおのが脳からの伝達を受けてそれぞれの反応が生ずる。そして、指令を受けてから反応が生ずる時間的間隔が、神経過程よりも心理過程の方がわずかに早いために、人は、意思した結果、行動を起こすように感じるのだという。

これによれば、意思による行動というのは、単なる錯覚にすぎないことになる。とすれば、刑事責任の考え方は、全くの錯誤ではないかという深刻な疑問を生ずる。

では、これまでの刑事責任の基礎づけ（「自由な意思によって犯罪行動が起こされるのだから、結果に対する責任を負わなければならない」という考え方）は、そもそもどのようにして生まれたのか。もともと、人間は、日常生活において、それほど自由に選択したり、自ら決断しているわけではない。現実には、人間存在を取り巻く状況は、制約ばかりである。また、自由の意味を「意のままに」とか、「何をやってもよい」と理解するならば、自由と責任とは、必ずしも結びつかない。むしろ、「意のままに何をやってもよい」ならば、犯罪をおこなうこともそれに含まれるのではないかという疑問さえ生ずる。

自由意思を根拠とする刑事責任の考え方が強固なのは、それが近代の歴史的理念と深く結びついていたからである。のみならず、同時に、法と裁判の対象設定という方法論的性格を持っていた。それゆえに、動かし得ない前提とされてきた。

近代的個人像と自由刑

裁判の対象としての個人をどう見るかという問題がある。それは、歴史的問題設定であるとともに、方法論的観点からの対象設定の問題でもある。

たとえば、経済学では、利己的な個人像（「利益を求めて計算的に行動する人間」）がモデルとして設定されるし、道徳哲学では利他的な個人像（「他者の利益、感情、人格を尊重する人間」）が設定される。必ずしも自然的存在としての人間が対象とされるわけではない。

これと同様の意味において裁判で設定されるのは、法と権利の観点から、自由で自律的な個人像（「自主的に選択・決断して行動する人間」）となる。

対象がそうなるのは、歴史的必然でもある。

中世・近世では、裁判の対象は、国王あるいは封建領主の裁判権との関係において、「絶対的な権力に服従する民衆」としてとらえられたが、これは、もちろん、近代的な法の理念に反する。近現代の裁判においては、たとえ刑事被告人であっても、あくまで自由で自律的な個人として扱われなければならない。

他の分野で、それぞれ固有の個人像が設定されたと同様に、刑事裁判の分野でも特有の対象設定がおこなわれる。それが、すなわち、自由で自律的な個人という近代的個人像である。

それによって、近代における自由刑の刑事責任は、必然的に、次のように説明されることになる。

封建的くびきから脱した近代の個人は自由である。だからこそ、刑罰は身体刑から自由刑へと変わった。他方、刑法の規範は、金銭欲、性的衝動など人間的欲望にかかわるものである。人間存在は、もともと、種々の欲望にとらわれ、快楽を求める傾向性を免れない。しかし、近代的個人が自由で自律的な主体である以上、自分の欲望や傾向に打ち克つ可能性はあるはずである。その可能性があるにもかかわらず、欲望や傾向性に流れたならば、それは当人の自由な選択の結果である。である以上は、自由で自律的な近代的個人としては、その結果に責任を負わなければならない。

こうして、規範に違反した場合は、自由意思を根拠とする刑事責任が発生する。

自由刑を科せられる根拠も、広い意味で言えば、「自由」なのである。ここで、自由とは、「意のままに」「何をやってもよい」（「恣意」）のことではなく、「自主的に」「選択できる」（「主体性」）の意味になる。それゆえ、近代的自由とは、自然的自由ではなく市民的自由であると言われる。

言い換えれば、自然的自由と市民的自由との区別、恣意と主体性との区別、これが自由意思と刑事責任の説明になる。

規範に違反した場合、なぜ刑事責任が生ずるのか。単に「規範が存在するから」という以上の説明が必要である。そうでなければ、権威的押しつけと区別できず、権力論上の問題ないしは疑問（「胡散臭さ」）を不可避的に生ずる。

以上の刑事責任の考え方は、刑法規範の生命と言えるものだった。

刑事責任の根拠としての自由意思の問題

そのため、最近の脳科学的知見にもかかわらず、なお刑事責任の根拠としての自由意思を維持できるかどうかは、極めて重大な問題となる。

この問題は、おそらく、自由意思をプロスペクティヴ（前方視）的に見るのではなく、レトロペクティヴ（後方視）的に考えることでしか解決できないように思う。もともと、自由意思を根拠とする刑事責任の考え方は、自由意思の実在性によるものというよりは、その理念に立脚するものだった。時系列に沿って、プロスペクティヴに見た場合、脳科学の言うとおりだとしても、犯罪という結果が引き起こされた後に、客観的、事後的に見れば、当の本人さえも、それに自分の意思が関与していることを否定しない（できない）だろう。

夏目漱石は「罪と罰」について、次のような意味のことを言っている。犯罪者が自分の引き起こしたことについて、動機や心理をありのままに直視して他人の前に示すことができるならば、その者の罪は浄化される（講演録『模倣と独立』）。

そのような意味で懺悔がおこなわれるとすれば、「自分の身体が勝手に動いたのだ」とか、「自分が意思する前に身体が動いていた」とか、「殴ろうとしたときには、相手はもう倒れていた」などと言うはずはなく、自由意思が語られるに違いない。

当人を含め、社会の構成員のすべてがそうみなすのであれば、たとえ、それが擬制や虚構であっても、そこには、十全な制度的合理性が認められる。人間社会に必要不可欠な一つの共同的・主観的存在であると言ってもよい。

自由意思を根拠とする刑事責任の考え方とは、そのような意味での確信にまで深化した社会的コンセンサスにほかならない。

「恵まれない境遇」と自由意思

犯罪と環境という問題は、量刑論の古典的問題と言えるが、貧しさのあまりパンを盗んだなどというような、かつての問題設定自体が現在では、時代遅れとなり、リアリティーを失っている。

ビクトル・ユゴーの『レ・ミゼラブル』では、主人公・ジャン・ヴァルジャンは、幼いころに両親を亡くし、困窮に耐えながら、それでも何とか非行に走らずに成育し、姉とその七人の子供たちが空腹にあえいでいるのを見かねて、ついにパン一切れを盗もうとして投獄されたことになっているが、社会保障の充実した現在、滅多に起こりそうにない出来事である。のみならず、たとえ、そのようなことが起きたとしても、犯罪者に寛大な日本型刑罰システムの下では、刑務所へ入れられることなど一〇〇パーセントあり得ない。むしろ、心ある検察官から千円札の温情を施されるぐらいのことである。

犯罪社会学の分野では、かつては、貧困と犯罪の関係を強調する「緊張理論」と呼ばれる見解があった。下層階級の人々は、通常の手段では富を手に入れることが困難なために、人生で成功しようとすれば非合法的な手段を取らざるを得ない（「緊張関係」）という一般理論である。が、現在では、貧困層の犯罪でも、貧しさや低い社会階層、それ自体が犯罪因子になっているわけではないこと（別の危険因子が影響していること）を示す実証的研究が次々に出されている。

他方では、現代では、高度な大衆消費社会の出現によって、社会自体のありようも様変わりしてきている。

現代社会は、欲望のスパイラルによる高度消費社会である。そこでは、市民の消費の欲望が枠を外れて拡大し、それを満たすことによって社会自体が成長し続けるというメタシステムがある。高度消費社会における欲望の充足は、いまや現代社会の可能性の条件であり、消費欲の亢進は資本主義と市民社会にとって、禁圧すべきものではない。欲望の意味が変化し、もはや、欲望の概念は社会にとって適合的となった。

アメリカの経済学者ウォルト・ロストウは、日本社会は一九五〇年代には「高度大衆消費」の段階に入ったと診断している（W・ロストウは、「テイク・オフ」などの独自の経済発展段階説で知られ、アメリカ政府の政策決定にも深くかかわった）。

法と裁判の世界においても、かつてのように、欲望に打ち克って行為することを無条件に要請することはできなくなってきた。

あたかも、市民の欲望の無限拡大を煽るかのような現代の高度大衆消費社会において、「恵まれない環境」の意味自体が変化している。

犯罪は社会の異常現象か

すでに述べたように、量刑で考慮される事項は、「一般情状」に属する事柄を広く含む。だから、生い立ち、成育した家庭環境、成長期から現在に至る社会的境遇、現在の経済状況、仕事の有無、職場環境、学歴・職歴・生活歴……等々が斟酌される。もっと言えば、賞罰や善行の類さえも、つまり、人助け、ボランティア活動の有無なども考慮される。ただ、それは、いわば同情のレベルである。いくばくか同情できれば、少しだけ考慮することになるし、同情するほどでなければ、考慮しなくともよい。

ここで取り上げるのは、そういう単なる一般的な心情論を越えて、「恵まれない環境」が刑事責任の客観的制約とみなされることがあるかという観点である。現代の高度大衆消費社会において、欲望の意味合いが変化する中で、人並みの欲求が満たされ得ない状況が自由意思に対する客観的制約と見られることがあり得るとすれば、その場合、刑事責任の減少が問題になる。たとえば、二〇〇八年に起きた秋葉原通り魔殺人事件は、労働力の流動化をめぐる社会の構造的変化と派遣労働者に対する差別的取扱いが背景になっていたが、典型的には、このようなケースである。

当人が置かれた社会的状況によって自由意思が制約されていると見得るかどうかは、社会の共同責任という考え方と表裏の関係にある。犯罪が生じたことについて、社会の側に構造的な問題があるか、あるいは、求められる社会的機能に欠けるところがあるかどうかと言い換えることができる。

エミュール・デュルケームは、犯罪現象を社会にとっての異常現象ではなく、正常な現象としてとらえた。犯罪は、社会が存在する以上は必ず生ずる現象であり、それが生じない社会は考えられない。犯罪現象は、その社会の多様性を示すものであり、むしろ、犯罪の全くない社会など、完全に隅々まで人為的に管理された画一的な社会にほかならず、それこそ異常であるという（『社会学的方法の規準』）。

これは、単に、どの社会も犯罪現象を伴うものだというような趣旨を超えて、犯罪を社会の正常性や多様性など、望ましい在り方のバロメーターと見るものである。

当の犯罪者、被害者、裁き手など生身の個人の立場を離れて、社会全体として考察した場合、そのように言うことができるのかもしれないが、むしろ、この社会学的見解は、犯罪について一般的なケースと社会の機能不全から生ずる特殊なケースを区別することを示唆していると取るべきだと思われる。

いかなる社会においても貧富の差はなくならない以上、一般的な意味での貧しさから生じた犯罪は、社会本来の機能の働きの結果とも言え、マクロ的には、その発現の一つにすぎないのかもしれない。不利な社会階層に属することについても、同じように、社会構造に包摂されると言えるのかもしれない。しかし、そうだとしても、秋葉原事件のように、現代における新たな格差社会と差別が招いたようなケースは、雇用をめぐる社会本来の機能に齟齬を生じたのではないかという疑問を想起させる点で、別論になるだろう。

日本では、永山事件が様々な分野で大きな問題として取り上げられ、長期間にわたり議論され、いまだに話題となることが少なくないが、それは、まさに、この点にかかわる。

永山事件における「疎外」と「餓え」

日本の高度経済成長期に起きた永山事件では、その社会的背景が大きな問題となり、社会学者による多数の論考が公にされた。

一九歳の少年（永山則夫）が、横須賀の米軍基地からピストルを盗み出し、全国各地（函館、東京、名古屋、京都）で、ガードマンやタクシー運転手など四人を至近距離から撃って殺害した事件だった。連続無差別射殺事件と呼ばれたが、タクシーの売上金目当ての強盗殺人を含んでいる。

永山は、網走番外地に生まれた。一家は生活保護を受け、母親一人が八人の子供たちの面倒をみるという家庭環境の中で成育した。中学卒業後は、集団就職列車で上京し、自動車整備工場、クリーニング店、牛乳販売店などを転々とする。永山の獄中手記『無知の涙』はベストセラーになり、『木橋』は文学賞を受賞するなど、それまで貧困の中で埋もれていた才能を塀の中ではじめて開花させた。そのため、「貧困が犯罪を生んだ」という永山の主張にはそれなりの説得力があった。

裁判では紆余曲折があったが、結局、死刑となった。

永山事件は、一般に、日本全体が豊かな社会に向かう中で、その豊かな社会の一員になろうとあがいてもなれない者の焦燥感と疎外感が影を落としていると言われる。豊かな社会の中で生じた精神的飢餓を抱え込んでいたとも評される。

この犯行は、一九六八年のことだったが、同年には、日本の国民総生産（GNP）は、世界第二位になり、一九七〇年の国民生活調査（旧総理府「国民生活に関する世論調査」）では、中流意識が九〇パーセントに達した（小数点以下四捨五入）。

所得倍増計画の下で、「家電製品を買い揃えた欧米流の日常生活、ウイークデイは快適なオフィスで仕事、週末はマイカーで家族でドライブ」という夢が描かれ、現実化しつつあった。人々の日常生活は、その実質においても、生活感覚においても、社会意識においても、不可逆的な変化を遂げていたのである。多くの日本人が、豊かさの幻影の中で自己像を構築するに至っていた。

このような社会学的分析を前提とするならば、被告人が極貧からの脱出の試みを繰り返し、それが高度経済成長期の社会の構造の中で必然的に失敗に終わり、度重なる精神的・経済的挫折を重ねていったことは、刑事責任に対する客観的制約と言うほかないだろう。

永山事件や秋葉原事件は死刑事件だったが、基本的には、自由刑論にも当てはまる。

犯罪心理学と裁判

最近、犯罪心理学の分野では、貧しさや低い社会階層に属することなどは犯罪因子ではないとの実証的研究が公にされている。

世間的にも昔から、「同じように恵まれない環境で育っても、犯罪者などにはならない人の方が圧倒的に多い」という感覚はあった。その意味では、上記の実証的研究の結果は、内容的には何も目新しいことではないかもしれない。が、膨大な基礎データに基づき、メタアナリシスや統計的手法を用いて結果を出している点に斬新さがある。

さらに、最近の研究結果では、貧困問題だけでなく、知能や精神的障害なども犯罪とは関係ないとされている。また、虐待と犯罪の関連性も低く、子供のころに受けた虐待体験は犯罪の真の因子ではないという。

そこには、刑事裁判の在り方と隣接研究分野の目的・方法の違いが現れている。

犯罪心理学では、犯罪者のメンタル面のサポートが目的であり、一種の治療目的で分析がおこなわれる。治療効果を上げるために、犯行の原因を特定しようとするので、いきおい、主たる因子を探ることになる。周辺的な因子を改善しても治療効果はあまり上がらない。つまり、以上の研究の趣旨は、治療目的を達成するためには、貧困や知能などとは別の要因を探る必要があるという発想にほかならない。

ところが、刑事裁判の量刑論では、すでに出てきたように、できるだけ広く、ほとんどあらゆる事情を考慮しようとする。そのため、従たる要因、周辺的な因子であっても、社会的な背景があるものは重視せざるを得ない。また、そういう特別の社会的背景のない、一般的な意味での貧しさや、社会階層の点などであっても、無視することはできない。後段の点は、すでに述べたところである。量刑論では、人助け、ボランティア活動の有無さえも考慮されるのである。

当人の境遇や置かれた状況に社会のひずみや機能不全がかかわっている場合には、量刑論では、そのことは当然に重要視されなければならない。

だから、永山事件に対して「同じ中卒集団就職組でも犯罪などには無縁で、苦労しながら立派に生活基盤を築いた人も多い」などと言って済ますことはできない。秋葉原事件では、「同じ派遣労働者でも、苦しい境遇に耐えながら立派に社会人として勤めている人も多い」などとみなすことは不適切なのである。

アナーキーな個性的精神の犯罪者

二〇〇〇年に、愛知県豊川市で起きた、少年による老婦人殺害事件は、その動機と心理の異様さが各方面に衝撃を与えた。

当の少年は、地元の高校に通う優等生だったが、「人を殺してみたかった」「自分には殺人の体験が必要だった」「将来のある人は避けて、老人を狙った」などと述べた。この殺人を指して「純粋殺人」と呼ぶ精神医学者もいた。

殺人の特殊心理、異常心理には、この「純粋殺人」のほかにも、次のようなバリエーションがある。すなわち、「自分は、もう殺されてもよい。だから、人を殺す」「自分が殺されるのはいやだが、それでも、他人を殺すのはよい」「無益な者、有害な者は殺してもよいはずだ」などである（最後の例は、ドストエフスキー『罪と罰』のラスコーリニコフの殺人哲学にほかならない。また、ナチスのユダヤ人絶滅政策の論理でもある）。

このような異常心理による殺人はどうなるか。

虚勢や自暴自棄の偽りでなく、本気でかく考える人たちに対しては、殺人規範（「汝、殺すなかれ」）は、禁止としての十分な意味を持たない。説得力を有しない。

そのことは事実である。けれども、それは、殺人規範が「呼びかけ」として有効に作動しないということであって、必ずしも処罰根拠が失われるということではない。つまり、そのような人たちには、「汝、殺すなかれ」は、事前に殺人をやめさせる抑止力にはならないが、殺人がおこなわれてしまった事後において刑罰を科す根拠がなくなるわけではない。

これらの異常心理は、いずれも、「人を殺してはいけない」という規範に対して、相反する規範を定立しているものであるが（「反規範定立」）、それは自由意思によっておこなわれている。

もともと、刑事責任の根拠は、犯罪者は一個の自由な人間存在として規範違反を敢えて選択したのだから、その結果に対して責任を負わなければならないというものだった。「反規範定立」の場合は、より根本的な最初の段階で規範を否定して、結果を選び取っている。したがって、自由意思に基づく刑事責任を妨げない。

もっとも、これは、かなり形式的な説明ではある。「自分は、殺されてもよい。だから、人を殺す」「自分が殺されるのはいやだが、他人を殺すのはよい」（なぜそれがいけないか）等々の反問に正面から答えるものではない。

けれども、それに正面から答えるのは、法や裁判の役目ではない。それは、思想・哲学の役割である。法と裁判は、自由で自律的な個人像（「自主的に選択・決断して行動する人間」）を対象とする。あくまで、その側面からだけ、人を裁くものである。その意味では、裁判は、生身の個人そのものを裁くものではない。

それはなぜかと言えば、裁判といえども、われわれの生きる世界の一面を観察することができるだけだからである。その範囲で人間を扱うにすぎない。人間の全人格を扱うわけではない。いや、むしろ、司法権という国家権力が人間存在の全部を裁くようなことがあってはいけないのである。裁判が一の国家権力の行使である以上、そのような抑制が絶対的に必要である。公権力の行使である裁判は、限られた抑制的な視点から、個人の一断面のみを対象とする（以上は、自由刑論には完全に当てはまるが、死刑だけは別論となる。そこに死刑論の困難がある）。

豊川市の事件は少年事件だったので、量刑数字の問題とはならなかったが（医療少年院送致で終了）、本来の自由刑論においては、「反規範定立」は殺人罪として処罰される。そして、その刑は、むしろ重くなる。偶発的殺人とは言えないからである。

性的倒錯は刑を重くするか

レイプなどの性犯罪の量刑に関して、性的倒錯ないしは性的異常が認められる場合、刑を重くするかという問題がある。

これは、部分的には、すでに前章で出てきた。性暴力が成人女性ではなく幼女に対して加えられる場合、刑は重くなることを見た。

では、それ以外の性的倒錯はどうか。

性的な正常さ・異常さを被害者保護などの具体的要請を離れ、一般的に論じ始めると、道徳と刑罰の混合をきたすおそれがある。また、何を基準に正常・異常を言うのかという問題を生じ、不毛な議論に陥る可能性が大きい。挙句の果てには、イデオロギーや価値観による対立を深めるだけで終わることになりかねない。その道筋は、これまでの歴史が示している。

そのため、この問題は、一般に、J・S・ミルの「危害原理」によって考えられている。すなわち、危害性（実害あるいは危害のおそれ）が高まらない限り、性的倒錯だけを取り上げることはできない。したがって、単なる性的倒錯ないしは性的異常は、刑を重くしない。

ただ、危害原理の範疇で考えても、サディズムなどは危害性が高まると考えることもできる。その意味では、依然として、市民裁判における「討議的正義」の一つたることを失わない。

性的異常に関しては、器質的異常の扱いも問題となる。

たとえば、二〇〇五年に大阪で起きた自殺志願者サイト殺人事件がある。人が窒息死する様子に快楽を感じる男がネットで練炭自殺の自殺希望者を募り、自分の手で三人の応募者を次々に窒息死させるという事件が起きた。この事件では、犯人自身が自分の性癖に苦悩した末に、精神科医からも半ば見放され、最後には犯行に至ったという経緯があった。

被告人は、自分の異常な衝動を自覚し、思春期からその特殊な性癖に悩み続け、自分から精神科に通うなどして何とか自身の衝動を抑えようとしていたが、どうしても異常な衝動を抑え込むことができずに、大学時代から突発的に友人の首を絞めるなどの未遂事件を繰り返し、とうとう本件犯行に及んだものだった。

このような場合、「忌むべき倒錯」として単純に片づけることはできないのは明らかである。ここでは、もはや、その性的異常のゆえに刑を軽くすべきではないかとさえ思えるだろう。当の異常性が器質的なものとみられる限り(「自然の過誤」)、刑事責任に対する客観的制約となる可能性がある。

しかし、他方では、危害原理の観点から見て、危害性が著しく高まるのも事実である。この観点からは、性的異常のゆえに刑を重くすることもできる。

そして、この器質的な異常性が極限まで高まると、責任能力の問題を生ずる。その場合は、一面では、危害性が極端に高まり、他面では責任能力に疑問を生じ、責任能力なしで無罪という可能性が出てくる。まさに、微妙極まる判断によって天と地ほども違う結果となるが、それを分ける決断が求められることになる。

自由刑論の「討議的正義」の大きなテーマとなる(なお、自殺志願者サイト殺人事件は死刑事件であり、上記の点をいずれの方向で考慮しても死刑は動かないとの判断だったと理解される）。

有害無益な「反省の情」の重視

裁判における更生の可能性については、極めて形式的に判断されており、それが日本型刑罰システムの一つの特徴をなしていることについては前述した。この更生の可能性に関連して、反省の情がある。

反省の情の有無も、判断が形式的なものになってしまっていることは同じだが、そこには、さらに特有の問題が含まれている。法廷における「反省」「改悛の情」には、パラドックスがある。そして、それは、重大犯罪になればなるほど、拡大して現れる。殺人罪で言えば、次のようなことである。

もし、罪過が計画的殺人であれば、計画的に人を殺した後に、急転「心底反省する」などと言われても、そうそう真に受けることができないのは明らかである。もし、それが計画的殺人ではなく衝動的殺人で、つい衝動的に殺人を犯してしまった後に心底反省しているとすれば、そのような切り替えの早い人格では、再び衝動的に殺人を犯すのではないかとの危惧を免れない。

要するに、法廷で「反省している」と述べたとしても、あまり意味はない。法廷での反省の言葉など、極めて形式的で、一種の儀式に堕してしまっている。

犯罪被害者からは、次のように言われる（内閣府のＷＥＢサイト「共生社会政策」『犯罪被害者等施策』記載の性犯罪被害者の手記から）。

「私たちの娘A子（当時20歳、大学2年生）は、……平成15年8月17日の夜、……交差点を自転車で横断中、渡り終える寸前で、時速130キロ前後という危険速度の暴走車にはねとばされて即死した。娘は顔面を砕かれ、立木にぶつかった後、路面に叩きつけられた。とても無残な殺され方であった」

「刑事裁判の一審では、加害の少年は法廷に入って来ても、遺族に挨拶一つせず、平然と遺族を無視し、謝罪や償いの気持ちは全く見られなかった。加害者側は『裁判が終わるまでは遺族宅には行かないことにした』と証言した」

「一審で1年6ヶ月の実刑判決（求刑は2年6月）を受けると、加害者は即時控訴した」

「二審になると、加害者は今までと全く違う態度を示した。何と公判の1か月余りに14回も遺族宅に来たのである。私たち遺族は、全く取り合わなかった」「娘の命日に二審判決があり、加害者側の控訴は棄却され、服役。以降、加害者家族はぴたっと来なくなった。公判中に見せた態度は実刑を免れるために裁判官を騙すための演技だったのか」「加害者は服役中、謝罪の手紙を寄越すこともなく、出所後は顔を見せようともしない」

「反省」に対する権力的操作

また、それ以上に問題なのは、そこに権力的操作が隠されていることである。

「反省」「改悛の情」が一種の儀式に堕してしまっているにもかかわらず、刑事裁判でそれを重視するのは、司法権力に対する従順性を試す意味合いがあるからである。一種の「踏み絵」と言っても、差し支えない。

法廷の場では、世間体もあり、また被害者への配慮もあって、裁判所は被告人に反省の情を求めざるを得ない。そこまではよいのであるが、ひとたび、被告人がその要請に従わないとなると、司法権力に対する反抗とみなす。

裁判所に恭順の意を表すかどうかの権力的次元にすり替えられてしまっているのである。

まさに、カミュの『異邦人』のムルソーの場合と同じである。法廷で良心に従って本心を言う者は刑を重くされ、裁判所に迎合する虚飾の演技が強要されている。この法廷の陳腐な「約束事」は、個人の実存を押しつぶし、近代的人間を屈服させようとする司法権力の前近代的な思惑と言うほかない。

このような日本の裁判の特徴は、著名な法律学者、政治学者、歴史学者の座談会においても、次のように評されている。

「『政治裁判史』の記録をずっと見ていると、全体にわたって必ず被告の改悛を求めているのが特徴でしょう。だから、日本の法廷は西洋の教会を兼ねている……説教するわけですよ。裁判官が。そして、そのとおりです、とざんげないし改悛すれば、……罪一等を減じられるという。明治から昭和に至るまで、……日本の裁判所は教会と兼任しとる」（我妻栄＝林茂＝辻清明＝団藤重光編『日本政治裁判史録〈昭和・後〉』第一法規）

すなわち、現状のやり方では、反省の情の重視は有害無益である。市民裁判における量刑の在り方としては、被告人が述べたことを被害者がどう受け止めるかに委ね、被害感情の強弱の次元で考慮すれば足りるはずである。

更生というアポリア

実際の犯罪者の更生は、言うまでもなく、裁判の後の刑務所の実践（「矯正実務」）に委ねられる。

刑務所の実践では、最近では、半民間運営のＰＦＩ方式の刑務所が出てきた。そこでは社会復帰の促進を前面に押し出している（山口県の美祢《みね》社会復帰促進センターなど）。

ＰＦＩとは、公共施設等社会資本整備を民間主導でおこなうこと一般を言うが（ＰＦＩ推進法）、ＰＦＩ刑務所は、その一環として実施された、刑務所の民間運営の試みである。日本の場合は、米英とは違って、民間刑務所ではなく、官民協働の半民間刑務所となったが、わが国の矯正史上、画期的な出来事だった。

ＰＦＩ方式の場合、刑務所の塀もなければ、各自の房には窓の鉄格子もなく、独房は居室化されている（塀の代わりにフェンス囲い、房の窓は強化ガラス、居室は半露出のトイレがあるほかは、ベッド、机、テレビ付きのジネスホテル仕様）。完全電子化によるハイテク管理によって、受刑者は、所内の一定の場所を監視なしで自由に出入りできる。

その運営の在り方を収容者の社会復帰（とくに、職場確保）につなげていくことが期待されている。

また、古くから、松山刑務所の大井造船作業所のような開放刑務所の試みもあった（新来島ドック工場内所在）。

さらには、刑務所と社会をつなぐ中間支援施設の創設も実現を見た（北九州自立更生促進センターなど）。

中間支援施設とは、仮出所者の円滑な社会復帰のために、職の確保や生活基盤形成をサポートする仮釈放後の滞在型施設のことである。そこでは、在所中から協力事業主のもとに通勤する試用的就職準備や農業実習などがおこなわれている。食費等の生活費は国費で賄われ、加えて助成金名目で月額一〇万円程度が支給される施設もある。通勤や実習のために送り迎えの車もつく。ただ、以上は、税金の使い方に不可避的な疑問が生ずるとともに、かなり建前論的な話である。

上記の半民間運営のＰＦＩ方式の刑務所や中間支援施設などは、もともと、軽い刑の受刑者・出所者で、かつ成績優秀な者に入所資格を限っていて、最初から自力更生が見込める者を対象としている。つまり、社会復帰を後押しするだけで、重罪の犯罪者の本格的な更生を目指すものではない。

本格的な更生に手がつけられていないためか、実際には、刑務所に入ることによって、受刑者間の付き合いで犯罪の手口や方法を学び、違法行為に対する抵抗感もさらになくなり、周りの犯罪者的人格にも慣れっこになってしまって、かえって悪くなって出てくるということが多い。また、刑務所で犯罪者人脈が形成されることもある。すでに出てきた「刑務所の逆説」「監獄の失敗」である。

フーコーは、監獄を「規律権力」の働く場として、その問題点を明らかにしたが、実際には、それを越えて、常習的犯罪者養成の場になってしまっている面がある。せいぜい、重罪の受刑者の場合は期限付き隔離の場として機能しているにすぎない。

過剰収容現象は厳罰化への警鐘

一〇年ほど前、日本の刑務所の収容者は高齢者と外国人ばかりだと、その実態が問題とされたことがある。また、刑期が引き上がり、在所年数が大幅に長期化して、全体として過剰収容となっているとも言われた。

その後、外国人収容者の数は落ち着きを見せ、二〇一四年末現在では、二〇〇五年当時の約五五パーセントにまで減少している（表9―1「外国人被収用者の人数」）。

高齢者の服役者については、七〇歳以上の老齢者の数は増加しているものの、六〇歳以上の総数は、二〇〇八年からほぼ横ばいで推移している（表9―2「高齢者被収用者の人数」）。

これに反して、長期服役者の増加現象は全く止まっていない。裁判員制度が始まる直前の二〇〇八年の年末の数字と比べると、二〇一四年末現在、懲役二〇年超の受刑者の数は三倍をはるかに超えて四倍近くになっており、懲役一五年を超える受刑者（一五年超二〇年以下）の数も増え続けている（表9―3「受刑者刑期区分別人数」）。

母数に当たる殺人などの重大犯罪の総数は減っているにもかかわらず、上記のような著しい現象が生じている。

前にも触れたように、アメリカでは一九八〇年代に、「法と秩序」運動のもとに厳罰化のキャンペーンが張られたが、長期受刑者が激増し、長期収容費用の圧迫で刑務所関係の予算は破たん状態となり、その結果、国民の税金となって跳ね返ってくるという事態を招いた。

長期受刑者の過剰収容現象が、厳罰化に対して一つの警告を発していることは否定し得ない。

表 9-1 刑事施設の外国人被収容者の人数〈総数、受刑者、未決拘留〉

外国人受刑者		男	女
平成 26 年	2848 人	2509 人	339 人
平成 25 年	3044 人	2695 人	349 人
⋮	⋮	⋮	⋮
平成 18 年	5216 人	4704 人	512 人
平成 17 年	5177 人	4726 人	451 人

表 9-2 刑事施設の高齢者被収容者の人数〈総数、受刑者、未決拘留〉

	60 ～ 69 歳	70 歳以上	60 歳以上計
平成 26 年	6713 人	3023 人	9736 人
平成 25 年	7115 人	2925 人	1 万 0040 人
平成 24 年	7562 人	2750 人	1 万 0312 人
平成 23 年	7709 人	2597 人	1 万 0306 人
平成 22 年	7942 人	2472 人	1 万 0414 人
平成 21 年	7952 人	2381 人	1 万 0333 人
平成 20 年	7466 人	2357 人	9823 人

表 9-3 受刑者刑期区分別人数

	懲役 15 年超 20 年以下	懲役 20 年超
平成 26 年	1262 人	392 人
平成 25 年	1312 人	369 人
平成 24 年	1201 人	317 人
平成 23 年	1124 人	267 人
平成 22 年	1061 人	218 人
平成 21 年	989 人	163 人
平成 20 年	942 人	114 人

注 いずれも、法務省矯正統計年報による

あとがき

日本の法治国家としての在り方は、多くの場面で、法の問題ではなく、良きにつけ悪しきにつけ、いわゆる「管理」になってしまっているように思われる。

それは、日本型刑罰システムにも、よく現れている。そこでは、もはや、犯罪に対して厳格に法を適用することは意図されておらず、いかに犯罪を管理するかという発想で全体が動いている。犯罪という、人々を対立のうちに分断し、葛藤を招く事態を何とか収拾して、再び結びつける網の目のようなネットワーク、そのようなものとして刑罰システムは考えられている。治安水準確保のために犯罪処理をおこなうこと自体は、われわれの安全という意味でも必要であるが、現実的な結果を求めて、法の理念よりも、効果的な手段を選択することが優先されている。そのような中で、刑事裁判も犯罪をうまく管理して治安水準を確保するための技法になってしまっているきらいがある。裁判そのものが単なる技法であってよいわけはないのであるが、すべてのシステムが片時も休まずに走り続ける現代社会においては、そうも言っていられない。

自由刑の数字の決定原理という問題についても、同じようなことが言える。もともと、「罪と罰」にまつわる裁判の営為を数字で表すのは、刑事司法の性質にはそぐわない。人間の葛藤や深い苦悩、再生への願いなどを数字で割り切ろうとするのは無理がある。ところが、刑期という数字は、犯罪管理のためには格好の手段である。身体刑では犯罪の管理は全くできない。

もはや、実際の刑罰システムは、素朴な「法」の観念を外して、「ゲシュテル（技術の超絶構造）」による支配で動いている。それがよいのかどうかは別であるが、そのことを知らないのは、市民の「知」にとって最もまずい状況である。本書では、まず、それを明らかにした。

次に、「ゲシュテル」を打破することを考えなければならない。

厳罰化あるいは寛刑主義などの古典的モデルは、一面的にすぎ、いまや有効性を喪失している。厳罰化は治安維持には必ずしも結びつかないし、寛刑主義の方が逆に、治安維持に資することもある。どちらが再犯に対してどのような作用を持ち、治安にどう影響するかは、その時のその社会の状況に依存している。日本の刑罰システムの状況を度外視して、保守主義によって厳罰化を叫んだり、リベラルや人権派の立場から寛刑主義を言うのは、客観的には意味がない。それらの点をあらためて考え直してみる必要がある。そして、そのうえで、裁判が単なる犯罪管理の技術であってはならないとすれば、要石となるものは何かを考え通さなければならない。

本書は、自由刑論として、上記の道筋をたどりながら、最終的にはその「要石」を様々な角度から明かそうとしたものである。

この本は、ちくま新書の二冊に引き続いて、松本良次さんに担当してもらった。今回も、松本さんからは、構成や内容の追加などについて種々の有益な助言をもらった。それによって当初の予定稿と比べると、教養書として随分豊潤になったように思う。記して深謝する。

森炎（もり・ほのお）

一九五九年東京都生まれ。東京大学法学部卒。東京地裁、大阪地裁などの裁判官を経て、現在、弁護士（東京弁護士会）。『司法権力の内幕』『死刑肯定論』（ちくま新書）のほか、『教養としての冤罪論』（岩波書店）、『死刑と正義』（講談社現代新書）、『司法殺人』（講談社）、『量刑相場』『なぜ日本人は世界の中で死刑を是とするのか』（幻冬舎新書）、『虚構の法治国家』（講談社、郷原信郎氏との共著）など多数。

筑摩選書 0126

刑罰《けいばつ》はどのように決《き》まるか　市民感覚《しみんかんかく》との乖離《かいり》、不公平《ふこうへい》の原因《げんいん》

二〇一六年一月一五日　初版第一刷発行

著　者　森炎《もりほのお》

発行者　山野浩一

発行所　株式会社筑摩書房
東京都台東区蔵前二-五-三　郵便番号　一一一-八七五五
振替　〇〇一六〇-八-四一二三

装幀者　神田昇和

印刷 製本　中央精版印刷株式会社

乱丁・落丁本の場合は左記宛にご送付ください。

送料小社負担でお取り替えいたします。

ご注文、お問い合わせも左記へお願いいたします。

筑摩書房サービスセンター
さいたま市北区櫛引町二-六〇四　〒三三一-八五〇七　電話　〇四八-六五一-〇〇五三

 ISBN978-4-480-01530-0 C0332

筑摩選書 0017

思想は裁けるか
弁護士・海野《うんの》普吉《しんきち》伝

入江曜子

治安維持法下、河合栄治郎、尾崎行雄、津田左右吉など思想弾圧が学者やリベラリストにまで及んだ時代、その弁護に孤軍奮闘した海野普吉。冤罪を憎んだその生涯とは？

筑摩選書 0020

利他的な遺伝子
ヒトにモラルはあるか

柳澤嘉一郎

遺伝子は本当に「利己的」なのか。他人のために生命さえ投げ出すような利他的な行動や感情は、なぜ生まれるのか。ヒトという生きものの本質に迫る進化エッセイ。

筑摩選書 0028

日米「核密約」の全貌

太田昌克

日米核密約……。長らくその真相は闇に包まれてきた。それはなぜ、いかにして取り結ばれたのか。日米双方の関係者百人以上に取材し、その全貌を明らかにする。

筑摩選書 0029

農村青年社事件
昭和アナキストの見た幻

保阪正康

不況にあえぐ昭和12年、突如全国で撒かれた号外新聞。そこには暴動・テロなどの見出しがあった。昭和最大規模のアナキスト弾圧事件の真相と人々の素顔に迫る。

筑摩選書 0030

公共哲学からの応答
3・11の衝撃の後で

山脇直司

3・11の出来事は、善き公正な社会を追求する公共哲学という学問にも様々な問いを突きつけることとなった。その問題群に応えながら、今後の議論への途を開く。

筑摩選書 0031

日本の伏流
時評に歴史と文化を刻む

伊東光晴

通貨危機、政権交代、大震災・原発事故を経ても、日本は変わらない。現在の閉塞状況は、いつ、いかにして始まったのか。変動著しい時代の深層を経済学の泰斗が斬る！

筑摩選書 0038

救いとは何か

森岡正博
山折哲雄

この時代の生と死について、救いについて、人間の幸福について、信仰をもつ宗教学者と、宗教をもたない哲学者が鋭く言葉を交わした、比類なき思考の記録。

筑摩選書 0046

寅さんとイエス

米田彰男

イエスの風貌とユーモアは寅さんに類似している。聖書学の成果に「男はつらいよ」の精緻な読みこみを重ね合わせ、現代に求められている聖なる無用性の根源に迫る。

筑摩選書 0047

災害弱者と情報弱者
3・11後、何が見過ごされたのか

田中幹人　標葉隆馬
丸山紀一朗

東日本大震災・原発事故をめぐる膨大な情報を精緻に解析、その偏りと格差、不平等を生み出す社会構造を明らかにし、災害と情報に対する新しい視座を提示する。

筑摩選書 0055

「加藤周一」という生き方

鷲巣力

鋭い美意識と明晰さを備えた加藤さんは、自らの仕事と人生をどのように措定していったのだろうか。没後に遺された資料も用いて、その「詩と真実」を浮き彫りにする。

筑摩選書 0064

トラウマ後　成長と回復

心の傷を超えるための6つのステップ

S・ジョゼフ
北川知子 訳

病いのように見られてきた「心の傷」が、人に成長をもたらす鍵になる。トラウマの見方を変え、新たな人生を手にするための方法とは。第一人者が説く新しい心理学。

筑摩選書 0067

ヨーロッパ文明の正体

何が資本主義を駆動させたか

下田 淳

なぜヨーロッパが資本主義システムを駆動させ、暴走させるに至ったのか。その歴史的必然と条件とは何か。近代を方向づけたヨーロッパ文明なるものの根幹に迫る。

筑摩選書 0068

「魂」の思想史

近代の異端者とともに

酒井 健

合理主義や功利主義に彩られた近代。時代の趨勢に反し、魂の声に魅き込まれた人々がいる。彼らの思索の跡は我々に何を語るのか。生の息吹に溢れる異色の思想史。

筑摩選書 0070

社会心理学講義

〈閉ざされた社会〉と〈開かれた社会〉

小坂井敏晶

社会心理学とはどのような学問なのか。本書では、社会を支える「同一性と変化」の原理を軸にこの学の発想と意義を伝える。人間理解への示唆に満ちた渾身の講義。

筑摩選書 0076

民主主義のつくり方

宇野重規

民主主義への不信が募る現代日本。より身近で使い勝手のよいものへと転換するには何が必要なのか。〈プラグマティズム〉型民主主義に可能性を見出す希望の書！

筑摩選書
0078

紅白歌合戦と日本人

太田省一

誰もが認める国民的番組、紅白歌合戦。今なお40％台の視聴率を誇るこの番組の変遷を、興味深い逸話を交えつつ論じ、日本人とは何かを浮き彫りにする渾身作！

筑摩選書
0081

生きているとはどういうことか

池田清彦

生物はしたたかで、案外いい加減。物理時間に載らない「生きもののルール」とは何か。発生、進化、免疫、性、老化と死といった生命現象から、生物の本質に迫る。

筑摩選書
0086

賃上げはなぜ必要か

日本経済の誤謬

脇田成

日本経済の復活には、賃上げを行い、資金循環の再始動が必要だ。苦しまぎれの金融政策ではなく、労働政策を通じて経済全体を動かす方法を考える。

筑摩選書
0087

自由か、さもなくば幸福か？

二一世紀の〈あり得べき社会〉を問う

大屋雄裕

二〇世紀の苦闘と幻滅を経て、私たちの社会はどこへ向かおうとしているのか？　一九世紀以降の「統制のモード」の変容を追い、可能な未来像を描出した衝撃作！

筑摩選書
0098

日本の思想とは何か

現存の倫理学

佐藤正英

日本に伝承されてきた言葉に根差した理知により、今・ここに現存している己れのよりよい究極の生のための地平を拓く。該博な知に裏打ちされた、著者渾身の論考。

筑摩選書
0100

吉本隆明の経済学

中沢新一

吉本隆明の思考には、独自の経済学の体系が存在する。これまでまとめられなかったその全体像を描くことによって、吉本思想の核心と資本主義の本質に迫る。

筑摩選書
0101

自伝を読む

齋藤孝

「自伝を読む」ことは「すごい人」と直に触れ合うことである。福澤諭吉から、ドラッカー、高峰秀子まで、「自伝マニア」の著者がそのエッセンスをつかみだす。

筑摩選書
0106

現象学という思考
〈自明なもの〉の知へ

田口茂

日常における〈自明なもの〉を精査し、我々の経験の構造を浮き彫りにする営為——現象学。その尽きせぬ魅力と射程を粘り強い思考とともに伝える新しい入門書。

筑摩選書
0108

希望の思想　プラグマティズム入門

大賀祐樹

暫定的で可謬的な「正しさ」を肯定し、誰もが共生できる社会構想を切り拓くプラグマティズム。デューイ、ローティらの軌跡を辿り直し、現代的意義を明らかにする。

筑摩選書
0109

法哲学講義

森村進

法哲学とは、法と法学の諸問題を根本的・原理的レベルから考察する学問である。多領域と交錯するこの学を、第一人者が法概念論を中心に解説。全法学徒必読の書。

筑摩選書
0113
極限の事態と人間の生の意味
岩田靖夫
東日本大震災の過酷な体験を元に、ヨブ記やカント、ハイデガーやレヴィナスの思想を再考し、「認識のかなた」としての「人間の生」を問い直した遺稿集。

筑摩選書
0115
マリリン・モンローと原節子
田村千穂
セクシーなモンロー、永遠の処女のような原節子……。一般イメージとは異なり、いかに二人が多面的な魅力に満ちていたかを重要作品に即して、生き生きと描く。

筑摩選書
0117
戦後思想の「巨人」たち
「未来の他者」はどこにいるか
高澤秀次
「戦争と革命」という二〇世紀的な主題は「テロリズムとグローバリズムへの対抗運動」として再帰しつつある。「未来の他者」をキーワードに継続と変化を再考する。

筑摩選書
0119
民を殺す国・日本
足尾鉱毒事件からフクシマへ
大庭　健
フクシマも足尾鉱毒事件も、この国の「構造的な無責任体制＝国家教によってもたらされた——。その乗り越えには何が必要なのか。倫理学者による迫真の書！

筑摩選書
0120
生きづらさからの脱却
アドラーに学ぶ
岸見一郎
われわれがこの社会で「生きづらい」と感じる時、何がそうさせているのか。いま注目を集めるアドラー心理学の知見から幸福への道を探る、待望の書き下ろし！